Das Interview mit Papst Franziskus

Antonio Spadaro SJ

DAS INTERVIEW MIT PAPST FRANZISKUS

Herausgegeben von Andreas R. Batlogg SJ

FREIBURG · BASEL · WIEN

MIX
Papier aus verantwor-
tungsvollen Quellen
FSC® C083411

Für das Papstinterview:
© La Civiltà Cattolica / Stimmen der Zeit 2013
www.stimmen-der-zeit.de

Für diese Buchausgabe:
© Verlag Herder GmbH, Freiburg im Breisgau 2013
Alle Rechte vorbehalten
www.herder.de

Umschlaggestaltung: Verlag Herder
Umschlagmotiv: © L'Osservatore Romano
Satz: Barbara Herrmann, Freiburg
Herstellung: CPI – Clausen & Bosse, Leck

Printed in Germany

ISBN 978-3-451-33488-7

Inhalt

»Eine neue Lektüre des Evangeliums«

Einführung von Andreas R. Batlogg SJ
Chefredakteur der Stimmen der Zeit, *München*

Ohne Internet wäre das nicht möglich gewesen: Am 19. September 2013 wurde um 17 Uhr ein Exklusiv-Interview mit Papst Franziskus auf der Website der italienischen Jesuiten-Zeitschrift *La Civiltà Cattolica* freigeschaltet – zeitgleich mit Übersetzungen in anderen Sprachen. Für den deutschen Sprachraum wurde das mehrstündige Gespräch auf der Homepage der *Stimmen der Zeit* (www.stimmen-der-zeit.de) zugänglich.[1]

Das italienische Original erschien am selben Abend auch gedruckt in der seit 1850 bestehenden Zeitschrift in deren Ausgabe 3918 vom 19. September 2013: *Intervista a Papa Francesco*[2] – 29 Seiten lang! Auch die Vati-

---

[1] Außerdem in Belgien *(Streven)*, in Großbritannien *(Thinking faith)*, in Frankreich *(Études)* und in der französischsprachigen Schweiz *(Choisir)*, in Griechenland *(Anoichtoi Orizontes)*, in Kroatien *(Obnovljeni Život)*, in Portugal *(Brotéria)*, in Schweden *(Signum)*, in Spanien *(Razón y fe)*, in der Slowakei *(Viera a Život)* und in Ungarn *(A Szív)*. Die Kollegen in New York *(America)* übernahmen die Übersetzung des englischen Online-Journals *Thinking faith*, in Chile *(Mensaje)* und Venezuela *(Sic)* erschien die spanische Übersetzung ebenfalls.

[2] Antonio Spadaro, *Intervista a Papa Francesco*, in: *La Civiltà Cattolica* 164 (2013/III), 449–477. – Die chilenische, vom mittlerweile heiliggesprochenen Jesuiten Alberto Hurtado (1901–1952) gegründete Zeitschrift *Mensaje* druckt das Interview in seiner Oktober-Ausgabe ab (Papa Francesco: *Una iglesia que encuentra caminos nuevos*, in: *Mensaje.* Edición No. 623, Octubre 2013). In einigen weiteren Zeitschriften (z. B. *Streven,* November 2013) wird ebenfalls eine

kanzeitung *L'Osservatore Romano* druckte das Interview zur Gänze ab und kommentierte es auf Seite 1.

Einige Agenturen und Journalisten hatten den Text vorab mit Sperrfrist erhalten. Die Nachricht vom Interview ging buchstäblich um die Welt, geradezu tsunamiartig. Hierzulande war das freimütige Interview bereits in der *Tagesschau* um 20 Uhr die Nachricht Nummer 1. Dann überstürzten sich die Meldungen auf allen fünf Kontinenten, das Internet kennt ja keine Zeitgrenzen. Die Überraschung und die Resonanz waren enorm: »Sensationell« *(Der Spiegel),* »revolutionär« *(Corriere della Sera),* »reformorientiert« *(Washington Post),* »Überraschungspapst« *(New York Times)* waren einige der ersten Reaktionen. Kardinäle und Bischöfe meldeten sich ebenso wie ganz normale Kirchgänger, aber auch solche, die der Kirche fernstehen: Dieser Papst macht wieder Lust, katholisch zu sein und sich für die Kirche zu interessieren. Franziskus schlägt nicht nur andere Töne an, sondern auch andere Themen. Er spricht gewinnend, einladend, ungeschützt – und das kommt an. Aber er sagt, was er zu sagen hat, nicht damit es »ankommt« und »landet«. Er ist wirklich so, wie er sich gibt. Es geht ihm nicht um billige Effekte.

Druckfassung erscheinen; für die meisten der oben genannten Organe ist das Interview jedoch zu lang.

Beim jährlichen Treffen der Chefredakteure der europäischen Jesuiten-Zeitschriften, 2013 vom 5. bis 9. Juni in einem Exerzitienhaus etwas außerhalb Lissabons, wurde die Idee ventiliert, den neuen Papst, einen Jesuiten und demnach Mitbruder im Orden, um ein Interview zu bitten. Über Federico Lombardi SJ, den Leiter des vatikanischen Presseamtes, wurde ein Kontakt hergestellt. Wir waren gerade auf einer Stadtrundfahrt, als Pater Lombardi Pater Antonio Spadaro zurückrief, den Chefredakteur der *Civiltà Cattolica*. Normalerweise sei der Papst sehr zurückhaltend bei Interviewanfragen (die Kollegen von *America* hatten schon öfter – erfolglos – angeklopft).

Einige Wochen später erhielten wir von Pater Spadaro die Mitteilung, dass Papst Franziskus nach anfänglichem Zögern zugestimmt habe. Ausschlaggebend war, dass es sich um einen kollektiven Wunsch von Jesuiten-Zeitschriften handelte.[3] Bald wurde klar, dass nicht alle Chefredakteure anreisen würden, um dem Papst gegenüberzusitzen, sondern dass Pater Spadaro in unser aller Namen mit Franziskus ein Gespräch führen sollte. Die Fragen kamen von uns allen, Pater Spadaro arrangierte die verschiedenen Themenblöcke.

Am 19., am 23. und am 29. August 2013 traf sich Pater Spadaro mit Franziskus im Gästehaus Santa Marta,

---

[3] Unter den Chefredakteuren der genannten Kulturzeitschriften, die üblicherweise Jesuiten sind, sind auch zwei Frauen: Lucienne Bittar (*Choisir*, Genf) und Frances Murphy (*Thinking Faith*, London).

wo der Papst wohnt, und ging mit ihm unsere Fragen durch, eher gesprächsweise als in Form eines herkömmlichen Interviews. Virtuell saßen also auch die beiden Kolleginnen und die anderen Jesuiten dem Papst gegenüber, doch hätte es eine andere Gesprächsatmosphäre erzeugt, wenn die ganze Gruppe auch faktisch anwesend gewesen wäre. Insgesamt sprachen die beiden etwas über sechs Stunden miteinander. Es ist – nach einer am 14. Juni 2013 für die Redaktionsmitglieder der *Civiltà Cattolica* erfolgten Audienz – das erste längere Interview des neuen Papstes überhaupt geworden, das er gegeben hat.

Am 30. August flog Pater Spadaro nach München. Es war ein schon länger geplanter Besuch: Tags zuvor war François Euvé SJ, der Chefredakteur von *Études,* eingetroffen. Wir konnten beide spüren, ja mit Händen greifen, was diese Begegnungen mit Antonio gemacht hatten. Er sprühte förmlich vor Begeisterung. Und er war berührt. Später hat er in einem Interview mit *Radio Vatikan* von seinen Begegnungen mit dem Papst als einer »spirituellen Erfahrung« gesprochen. Während seines dreitägigen Besuchs in München wurden in Rom die Tonbänder transkribiert.

Jetzt war Koordination angesagt: Mitte der folgenden Woche sollten alle Teilnehmerinnen und Teilnehmer des Treffens von Lissabon die italienische Abschrift erhalten, um an die Übersetzungen zu gehen. Bald wurde klar, dass nur im Internet, auf den Websites der verschiedenen Zeitschriften, eine zeitgleiche Veröffentlichung möglich war.

Wir wussten, dass jetzt harte Arbeit bevorstand und, sobald die Abschrift der Tonbandaufnahmen vorlag, die Übersetzer gefragt waren. Sigrid Spath, die jahrzehntelang für die Jesuitenkurie am Borgo Santo Spirito unweit des Vatikans Texte aus dem Italienischen übersetzt hat, besorgte das erste Drittel der deutschen Übersetzung. Dann übernahm Eberhard von Gemmingen SJ,[4] unterstützt von Eugen Hillengass SJ, den weiteren Text; beide haben mehr als zwei Jahrzehnte in Rom gelebt und gearbeitet.

Es gelang fristgerecht – und so wurde es möglich, dass am Abend des 19. September parallel zur *Civiltà Cattolica* das Interview auf den Websites der europäischen Jesuiten-Zeitschriften freigeschaltet werden konnte. Die französische Tageszeitung *Le Monde* sah darin »ein neues Beispiel genau orchestrierter Kommunikation der Jesuiten, zu denen der Papst gehört«. Matt Malone SJ, Editor-in-chief von *America,* kommentierte: »Papst Franziskus spricht zu uns als unser Bruder.«

Neuer Stil, neue Themen

Das Interview enthält vielleicht auf den ersten Blick keine großen »Offenbarungen«. Aber es ist das erste längere Interview mit Papst Franziskus überhaupt. Es zeigt, wie er

---

[4] Im Juli 2013 hatte E. v. Gemmingen ein Editorial zu 100 Tagen Franziskus veröffentlicht: *Eine Enzyklika auf zwei Beinen,* in: *Stimmen der Zeit* 231 (2013), 433–434.

denkt und reagiert – in einer neuen, bisher nicht gekannten oder üblichen, oft sehr spontanen Art und Weise. Sein narrativer, metaphernreicher Stil mit etlichen spirituellen und literarischen Anspielungen unterscheidet sich von der Art und Weise des Gesprächs mit Papst Benedikt XVI., der im August 2010 in Castel Gandolfo mehrere Stunden lang dem deutschen Journalisten Peter Seewald Rede und Antwort gestanden hatte.[5] Franziskus redet frei von der Leber weg (»Vulkanstrom von Ideen«), vielleicht nicht druckreif wie sein Vorgänger, aber spontan, authentisch, und das überzeugt.

Benedikt XVI. und Seewald kannten sich von früheren Interviews her.[6] Für Franziskus wiederum war Antonio Spadaro, der seit Dezember 2011 Mitglied des Päpstlichen Rats für die Kultur sowie des Päpstlichen Rats für Soziale Kommunikationsmittel ist, kein Unbekannter. Zuletzt waren sich die beiden Ende Juli 2013 auf dem Weltjugendtag in Rio begegnet. In einer gewissen vertrauten Atmosphäre fühlte sich der Papst offenbar wohl – und das hier veröffentlichte Gespräch konnte entstehen. Fingerspitzengefühl auf beiden Seiten hat es ermöglicht.

»Banal, aber sensationell« – so war ein Kommentar in der *Süddeutschen Zeitung* überschrieben. Der Papst spre-

---

[5] Vgl. Benedikt XVI., *Licht der Welt. Der Papst, die Kirche und die Zeichen der Zeit.* Ein Gespräch mit Peter Seewald, Freiburg 2010.

[6] Vgl. J. Ratzinger, *Salz der Erde. Christentum und katholische Kirche im 21. Jahrhundert,* München 1996; dazu: A. R. Batlogg, *Christentum als Neuheitserlebnis. Zur jüngsten Veröffentlichung von Joseph Ratzinger,* in: *ZKTh* 119 (1997), 323–332; J. Ratzinger, *Gott und die Welt. Glauben und Leben in unserer Zeit,* München 2000.

che eigentlich Selbstverständlichkeiten an. Aber wie er es tut, das ist neu: »Was er sagte, ist eine Befreiung für die katholische Kirche. Es ist die Befreiung aus der ewigen Gefangenschaft einer merkwürdigen Sexualfixierung, die diese katholische Kirche über Jahrzehnte hinweg gelähmt hat.«[7]

Es ist fast eine Ironie: Überraschenderweise haben sich die meisten Kommentatoren nämlich genau auf die Themen bzw. »heißen Eisen« gestürzt und sie zur Sensation hochstilisiert, die der Papst eher beiläufig erwähnte: »Wir können uns nicht nur mit der Frage um die Abtreibung befassen, mit homosexuellen Ehen, mit Verhütungsmethoden. Das geht nicht.« Der neue Papst, der seit dem 13. März die katholische Kirche, vielleicht noch mehr die Welt begeistert, will nicht die Doktrin ändern und die kirchliche Lehre umkrempeln. Aber er macht ernst mit der Ankündigung, es brauche »mehr Barmherzigkeit« in der Kirche. Deswegen unterscheidet er auch zwischen »Sünde« und »Sünder«, wissend, dass Menschen hinter dem zurückbleiben, was sie sich vorgenommen haben, wissend, dass Menschen sich verfehlen, also sündigen.

Interessant sind die Namen, die fallen: Aus dem Jesuitenorden große Denker wie Henri de Lubac, Michel de Certeau, die Gründergestalten Ignatius von Loyola, Franz Xaver und Peter Faber, spirituelle Leitfiguren wie Louis Lallement oder Jean-Joseph Surin oder charisma-

---

[7] M. Drobinski, *Banal, aber sensationell*, in: *Süddeutsche Zeitung*, 21./22. 9. 2013, 4.

tische Führungspersönlichkeiten wie Pedro Arrupe, der Jorge Mario Bergoglio zum Provinzial der argentinischen Jesuitenprovinz (1973–1979) ernannt hatte. Aus der Musikwelt Mozart, Wagner, Puccini, Furtwängler, Knappertsbusch. Aus Film, Kunst und Literatur Caravaggio, Dante, Chagall, Anna Magnani, Aldo Febrizi, Roberto Rossellini, Federico Fellini, José Hernández, Nino Costa, Luigi Orsenigo, Leopoldo Marechal, José Maria Pemàm, Garcia Lorca, Karen Blixen *(Babettes Fest)* oder Joseph Malègue, Dostojewskij, Hölderlin oder Gerard Manley Hopkins SJ. Sofort wurde spekuliert, was einzelne Nennungen bedeuten mochten.

Der Beginn des Gesprächs erinnert an die abendliche Szene auf der Benediktionsloggia des Petersdoms am 13. März 2013, als der neugewählte Papst die versammelte Menge bat, zuerst ihn zu segnen, bevor er den Segen *Urbi et orbi* erteilte – der einzige Augenblick übrigens, für den er sich die Prachtstola umlegen ließ. Hier nun, gefragt, wer er sei: »Ich bin ein Sünder. Das ist die richtigste Definition. Und es ist keine Redensart, kein literarisches Genus. Ich bin ein Sünder.« Nein, das ist kein künstlicher Bescheidenheitstopos. Der Papst meint es so, und er scheut sich nicht, das auch von Anfang an klarzustellen. Von daher wird aber auch verständlich, warum man ihn in anderen Zusammenhängen wiederholt sagen hören konnte: »Wer bin ich, dass ich verurteile …?«

Der erste Teil des Gesprächs blättert die Sozialisation und auch die Verwurzelung im Orden auf, in den er am 11. März 1958 eingetreten ist: Die Disziplin der Gesellschaft Jesu hat ihn angezogen, ihn, der von sich selber sagt, er sei »von Geburt an ein undisziplinierter Mensch«. Und gleichzeitig – und das überrascht vielleicht hierzulande, wo Jesuiten mehr als Einzelkämpfer wahrgenommen werden (Karl Rahner SJ bezeichnete sich selber als »kasernierten Einsiedler«) –, dass er Gemeinschaft braucht: »Ohne Menschen kann ich nicht leben.« Hier hat man die Erklärung dafür, warum er nicht in die bisher für den Papst reservierten Gemächer im Apostolischen Palast einziehen möchte, sondern in der Casa Santa Marta blieb, wo er seit dem Konklave wohnt.

Die in den ignatianischen Exerzitien grundgelegte *Unterscheidung der Geister* ist ihm wichtig. Franziskus scheut sich nicht einzugestehen, dass er schwere Fehler gemacht habe, als er (sehr jung) Provinzial wurde, weil er impulsiv und schroff agiert habe. Er hätte sich besser beraten lassen sollen: »Es war meine autoritäre Art, Entscheidungen zu treffen, die Probleme verursachte.« Gleichzeitig führt ihn seine Lebenserfahrung wie seine Leitungserfahrung im Orden dazu, den Wert kollektiver Entscheidungsfindung zu schätzen: »Die Konsistorien und die Synoden sind zum Beispiel wichtige Orte, um diese Konsultation wahrhaftig und objektiv durchzuführen.« Im Blick auf das im Oktober 2013 erstmals zusammentretende Gremium von acht Kardinälen – darunter Kardinal Reinhard Marx, der Erzbischof von München und Freising –, das Vorschläge für eine umfassende Kurienreform machen soll, darf man gespannt fragen, wie der Papst die Ortskirchen stärken, die Kurie dezentralisieren will. Klar wird: Es ist ihm ernst damit, denn es geht um gelebte, nicht nur um behauptete oder beteuerte Kollegialität.

Nicht nur für Insider der Geschichte der Gesellschaft Jesu dürfte interessant sein, dass der Papst die mystische Seite des Ordensgründers betont, wurde Ignatius von Loyola doch oft verkürzend, nicht nur wegen seiner Vergangenheit als Offizier, als unnahbarer General gezeichnet und damit verzeichnet. Franziskus kritisiert, dass die Mystik im Orden von der Aszese verdrängt worden sei bis hin zu seltsamen Stilblüten wie den *Epitome Societatis,* einem Regelwerk, das in der Praxis zeitweise wichtiger als die Exerzitien oder die Satzungen des Ordens geworden sei.

Als Jesuit ist für den Papst auch Kirchlichkeit kein Thema, das sozusagen Verhandlungsmasse wäre. »Mit der Kirche fühlen« *(Sentire cum ecclesia)* ist Selbstverständlichkeit (»Ich bin ein Sohn der Kirche«, »Und die Kirche ist Mutter«), was aber gerade nicht heißt, dass nicht auch der Glaubenssinn des Volkes wichtig sei, von dem die Kirchenkonstitution *Lumen gentium* des Zweiten Vatikanischen Konzils spricht, aus der der Papst Nr. 12 zitiert – nicht zu verwechseln, wie er betont, mit »Populismus«. Franziskus erweist sich nicht nur hier als das, was er in Ordenschristen sieht: als Prophet.

Deswegen auch muss ein Gespür dafür entwickelt werden, dass die Kirche nicht nur die Lehre einschärft, sondern »Wunden heilen« hilft. Der Vergleich der Kirche mit einem »Feldlazarett nach einer Schlacht« spricht indirekt auch von der Kirche selbst geschlagene Wunden an. Hier kann man dann durchaus fragen, ob der Umgang mit wiederverheirateten Geschiedenen, mit Homosexuellen, mit Frauen, die abgetrieben haben – Themen, auf die der Papst später angesprochen wird und auf die er auch kurz eingeht –, immer dem Geist des Evangeliums entspricht. Es ist der Tenor, der hier deutlich wird: heilen, was verwundet ist; aufrichten, wo Menschen, aus welchen Gründen auch immer, niedergedrückt sind: »Es darf keine spirituelle Einmischung in das persönliche Leben geben.«

Was folgt?

Ja, auch ein Papst hat Träume, Kirchenträume: »Ich träume von einer Kirche als Mutter und als Hirtin.« Es liegt nichts Spektakuläres in solchen Worten, aber die Konsequenzen sind es: »Die Diener der Kirche müssen barmherzig sein, sich der Menschen annehmen, sie begleiten – wie der gute Samariter.« Wie sich diese Haltung dann hineindekliniert in die Themenfelder der Pastoral wie der Theologie, wo vielerorts Stillstand zu beobachten war, wird sich erst zeigen müssen. Hier hakten jedenfalls die meisten Kommentare ein – immerhin ein Indiz dafür, dass die Art und Weise, wie der Papst über »heiße Eisen« spricht, aufatmen und hoffen lässt. Wenn der Beichtstuhl »kein Folterinstrument« sein soll, wenn daran erinnert wird, dass die verschiedenen »Lehren der Kirche – dogmatische wie moralische – nicht alle gleichwertig« sind, sondern dass es gestufte Verbindlichkeiten gibt, dann ist damit nicht einem Relativismus das Wort geredet. Franziskus macht vielmehr darauf aufmerksam, dass Kirche zunächst einmal als Botschafterin »der heilbringenden Liebe Gottes« zu erleben sein müsse, erst dann gehe es um moralische und religiöse Verpflichtungen.

Die Bemerkungen zu den römischen Dikasterien und Kongregationen, zur Synodalität und zur Ökumene zeigen, dass es durchaus nicht nur um stilistische Änderungen geht oder um Rhetorik. Man gewinnt den Eindruck, dass der Papst einer Art von Autoritatismus eine Absage erteilt, der über Menschen und ihre tiefen Empfindungen und Erfahrungen hinwegfährt und dekretiert, anstatt zu erklären oder durch Argumente zu gewinnen versucht.

Wer im Zweiten Vatikanischen Konzil (1962–1965), um dessen authentische Interpretation es während des Pontifikats Benedikts XVI. so viele Diskussionen (nicht nur mit der Piusbruderschaft) gab,[8] »eine neue Lektüre des Evangeliums im Licht der zeitgenössischen Kultur« sieht und erkennt, hat keine Berührungsangst mit der

---

[8] Vgl. A. R. Batlogg, *Ist das Zweite Vatikanum Verhandlungsmasse?*, in: *Stimmen der Zeit* 227 (2009), 649–650; ders., *Ist das Konzil schuld?*, in: ebd. 230 (2012), 649–650; J.-H. Tück, *Postkonziliare Interpretationskonflikte. Nachtrag zur Debatte um die Verbindlichkeit des Konzils,* in: ebd. 231 (2013), 579–586.

modernen Welt, sondern lässt sich ein: auch wenn es schmerzt, irritiert, vielleicht sogar verwundet, weil der Kanon der Lebensfragen der Menschen von heute, ihre Lebensweisen, ihre Glaubenssichten, oft so völlig anders sind als das, was eine kirchliche – oder soll man sagen: klerikale – Leitkultur vorgibt. Die ignatianische Devise des »Gott-in-allen-Dingen-Suchens-und-Findens« spart nichts aus, überall finden sich Spuren der Präsenz Gottes in der Welt, auch im Dreck, wenn man so will.

»Platz für Zweifel« lassen, den Alles-Wissenden und den Alles-besser-Wissenden misstrauen, Suchende willkommenheißen, Verletzte (auch von der Kirche Verletzte) ernst nehmen, keine Berührungsängste mit Schriftstellern, Literaten oder Künstlern haben, die Querdenker sein mögen, originell oder ordinär … all das kommt hier zur Sprache, und es ist die Einlösung jener Rede,[9] die im Vorkonklave offenbar viele Kardinäle beeindruckt hat: Die Kirche müsse an die Ränder, an die Peripherie gehen, überall dorthin, wo Menschen ihr Leben bestreiten, auch wenn es Bereiche sind, die die Kirche eher meidet oder abschreibt.

---

[9] Die in einer der Generalkongregationen im Vorfeld des Konklaves gehaltene (kurze, aber programmatische) Rede wurde später mit Zustimmung des Papstes vom Erzbischof von Havanna, Kardinal Jaime Lucas Ortega y Alamino, in der Diözesanzeitschrift *Palabra nueva* veröffentlicht; eine deutsche Übersetzung findet sich in: Papst Franziskus, *Und jetzt beginnen wir diesen Weg. Die ersten Botschaften des Pontifikats,* Freiburg 2013.

Papst Franziskus gibt in vielen Bereichen traditionelle Antworten, so wie auch sein geistliches Leben relativ traditionell ausschaut. Und irgendwie normal, nicht abgehoben. Hat er damit das Papstamt abgewertet, wie manche meinen? Keineswegs. Den Kardinälen erweist er sich als Bruder, den Menschen, die ihm begegnen, als Hirte – und so wird er für die verschiedensten Kreise ein »Pfarrer der ganzen Welt«, ähnlich wie Johannes XXIII. Aber er sollte deswegen nicht unterschätzt werden!

Fast verschwindet hinter all den Punkten, die Papst Franziskus anspricht, der Mensch Jorge Mario Bergoglio. Er ist ein Sünder, gewiss. Ich fand es zum Beispiel berührend zu erfahren, dass er das Testament seiner Großmutter Rosa in sein Brevier eingelegt hat. Das ist eine sehr intime Mitteilung. Genauso wenn er sich als Kino-Fan outet oder einige Lieblingsschriftsteller nennt.

In seiner Einführung zu einem jetzt veröffentlichten Vortrag, den der Papst als Kardinalerzbischof von Buenos Aires gehalten hat, bezeichnet Michael Sievernich SJ seinen Mitbruder Jorge Mario Bergoglio als »spirituellen Lebensmeister«.[10] Papst Franziskus hat Vorstellungen und Positionen. Er erfindet die kirchliche Lehre nicht neu. Aber er verurteilt nicht. Er will, dass die Kirche nicht in erster Linie als große Zensurbehörde erlebt wird. Gleich-

---

[10] M. Sievernich, *Lebenskunst und Spiritualität,* in: Jorge Mario Bergoglio / Papst Franziskus, *Über die Selbstanklage. Eine Meditation über das Gewissen.* Mit einer Einführung von Michael Sievernich SJ. Freiburg 2013, 8–34, 12.

zeitig fordert er dazu auf, sich auf das Wesentliche zu kon-
zentrieren. Ohne Frage: Dieser Papst tut der Kirche gut,
und er tut der Welt in ihrer Zerrissenheit gut. »Und jetzt
beginnen wir diesen Weg«, war seine Botschaft am ersten
Abend als Papst. Der erste Nichteuropäer seit über 1200
Jahren, das erste Mal ein Lateinamerikaner, das erste Mal
ein Jesuit – die Kirche hat allerhand zu verkraften. Es tut
ihr gut. Und der neue, noch nie zuvor ausgesuchte Name
ist, wie die ersten Monate dieses neuen Pontifikats zeigen,
Programm: Franziskus.[11]

Franz von Assisi war eine Lichtgestalt der Kirchen-
geschichte. Das Gespräch zwischen Papst Franziskus und
Antonio Spadaro ist ein Lichtmoment in der Kirchen-
und Papstgeschichte. Es öffnet Horizonte. Das lässt hoffen. Es ist eine dienende und eine lernende Kirche, die
hier zutage tritt, mit einem Papst, der selber lernen will.
Das ist neu.

---

[11] Vgl. A. R. Batlogg. *Der Name als Programm: Papst Franziskus,* in: ders. / N.
Kuster, *Franziskus. Der neue Papst und sein Vorbild.* Mit einem Vorwort von Erzbischof Reinhard Kardinal Marx, München 2013, 13–23.

Das Interview mit Papst Franziskus

Antonio Spadaro SJ
Chefredakteur von La Civiltà Cattolica, *Rom*

Santa Marta, Montag, 19. August 2013, 9.50 Uhr

Es ist Montag, der 19. August. Papst Franziskus hat mir für 10 Uhr ein Treffen mit ihm im Gästehaus Santa Marta gewährt. Von meinem Vater habe ich die Gewohnheit geerbt, immer vor der vereinbarten Zeit einzutreffen. Die Personen, die mich empfangen, lassen mich in einem kleinen Saal Platz nehmen. Aber ich brauche nicht lange zu warten: Schon nach wenigen Minuten werde ich zum Aufzug begleitet. In diesen zwei Minuten habe ich Zeit, mich daran zu erinnern, dass (Mitte Juni 2013) in Lissabon bei einem Treffen von Chefredakteuren einiger Jesuiten-Zeitschriften der Vorschlag aufgetaucht war, wir sollten alle gemeinsam ein Interview mit dem Papst veröffentlichen. Ich hatte mit den anderen Chefredakteuren darüber diskutiert und einige Fragen entworfen, die die Interessen aller zum Ausdruck bringen würden. – Als ich den Aufzug verlasse, sehe ich den Papst, der mich schon an der Tür erwartet. Ja, ich hatte tatsächlich den angenehmen Eindruck, durch keine Türen gegangen zu sein.

Ich betrete sein Zimmer, und der Papst lässt mich auf einem bequemen Stuhl Platz nehmen. Er selbst setzt sich auf einen höheren und härteren Sessel – wegen seiner Rückenprobleme.

Das Ambiente ist einfach, ja karg. Der Arbeitsplatz am Schreibtisch ist sehr schlicht. Ich bin betroffen von der Schlichtheit der Ausstattung. Es gibt wenige Bücher, wenig Papier, wenige Kunstgegenstände. Darunter eine Ikone des heiligen Franziskus, eine Statue Unserer Lieben Frau von Luján, der Schutzpatronin Argentiniens, eine Statue des schlafenden heiligen Josef, die jener sehr ähnlich ist, die ich schon in dem Zimmer gesehen hatte, das er als Rektor und Provinzial am Colegio Máximo *von San Miguel bewohnt hatte. Die Spiritualität von Bergoglio setzt sich nicht aus »harmonisierten Energien« zusammen, wie er es nennen würde, sondern aus menschlichen Gesichtern: Christus, der heilige Franziskus, der heilige Josef, Maria.*

Der Papst empfängt mich mit dem Lächeln, das inzwischen vielfach um die Welt gegangen ist und die Herzen öffnet. Wir beginnen, über verschiedene Themen zu sprechen, aber vor allem über seine Brasilienreise. Der Papst betrachtet sie als eine wahre Gnade. Ich frage ihn, ob er sich ausgeruht habe. Er bejaht das, sagt, es gehe ihm gut, aber vor allem sei der Weltjugendtag für ihn ein »Mysterium« gewesen. Er sagt mir, dass er bis dahin nicht gewohnt gewesen war, vor so großen Menschenmassen zu sprechen: »Es gelingt mir, die einzelnen Personen, eine nach der anderen, anzuschauen, in persönlichen Blickkontakt mit denen zu treten, die ich vor mir habe. An die Massen habe ich mich noch nicht gewöhnt.«

Ich sage ihm, dass das stimmt und dass es alle berührt. Man sieht es: Wenn er unter Menschen ist, ruhen seine Blicke tatsächlich immer auf den Einzelnen. Dann projizieren die Fernsehkameras die Bilder, die alle sehen können; aber so kann er sich frei fühlen, wenigstens direkt in persönlichem Augenkontakt mit denen zu treten, die er vor sich hat. Mir scheint, dass es ihm gefällt, diesen direkten Augenkontakt mit Personen zu haben, die er vor sich sieht; das heißt, dass er der sein kann, der er tatsächlich ist, und seine gewohnte Art, mit den anderen zu kommunizieren, nicht ändern muss, auch wenn er Millionen Menschen vor sich hat, wie es am Strand von Copacabana der Fall war.

Bevor ich das Aufnahmegerät einschalte, sprechen wir auch über andere Dinge. Als er eine Publikation von mir kommentiert, sagt er, dass die zwei von ihm besonders geschätzten zeitgenössischen französischen Denker Henri de Lubac[1] und Michel de Certeau[2] seien. Auch ich sage ihm etwas eher Persönliches. Dann spricht er über sich und insbesondere über seine Wahl zum Papst. Er sagt mir: Als ihm das Risiko, gewählt zu werden, am Mittwoch, dem 13. März, beim Mittagessen bewusst geworden sei, habe er einen tiefen und unerklärlichen Frieden und einen inneren Trost gespürt –

---

[1] Henri de Lubac SJ (1896–1991): französischer Theologe; nach der Enzyklika *Humani generis* zeitweiliger Entzug der Lehrerlaubnis, Peritus beim Zweiten Vatikanischen Konzil, 1983 Kardinal.

[2] Michel de Certeau SJ (1925–1986): französischer Soziologe, Historiker und Kulturphilosoph. Certeau hat über die Mystik von Pierre Favre SJ (Peter Faber) promoviert und die Werke des Mystikers Jean-Joseph Surin SJ herausgegeben.

zugleich mit einer völligen Dunkelheit, einer tiefen Finster-
nis. Und diese Gefühle haben ihn bis zur Wahl begleitet.

Ich würde gern noch länger so vertraut mit ihm reden, aber
nun nehme ich doch die Blätter, auf denen ich einige Fragen
notiert habe, und schalte das Aufnahmegerät ein. Zunächst
danke ich ihm im Namen aller Chefredakteure der Jesuiten-
Zeitschriften, die dieses Interview veröffentlichen werden.

Kurz vor der Audienz, die er den Jesuiten der Civiltà Cattolica *gewährte,*[3] *hat der Papst mir gegenüber geäußert, dass er*
große Schwierigkeiten habe, Interviews zu geben. Er sagt
mir, er ziehe es vor, mehr nachzudenken, statt in Augen-
blicksinterviews aus dem Stand Antworten zu geben. Er spü-
re, dass ihm die richtigen Antworten erst kommen, nachdem
er die erste Antwort gegeben hat. »Ich habe mich selbst
nicht wiedererkannt, als ich auf dem Rückflug von Rio
de Janeiro den Journalisten, die mir die Fragen stellten,
antwortete«, *sagt er zu mir.*

Aber es stimmt: In diesem Interview fühlt sich der Papst
mehrmals so frei, das, was er auf eine Frage antwortet, zu
unterbrechen, um zur vorherigen Antwort noch etwas hinzu-
zufügen. Ein Gespräch mit Papst Franziskus ist wie ein Vul-
kanstrom von Ideen, die sich miteinander verknüpfen. Selbst
wenn ich mir Notizen mache, habe ich das unangenehme

---

[3] Vgl. Udienza di Papa Francesco a *La Civiltà Cattolica,* in: *La Civiltà Cattolica*
164 (2013/III) 3–7 (Ausgabe 3913 vom 6. 7. 2013).

Gefühl, einen sprudelnden Dialog zu unterbrechen. Es ist klar, dass Papst Franziskus mehr an Gespräche als an das Ablesen eines vorbereiteten Textes gewöhnt ist.

Wer ist Jorge Mario Bergoglio?

Ich habe die Fragen vor mir, aber ich beschließe, nicht dem von mir vorbereiteten Entwurf zu folgen, und frage den Papst etwas unvermittelt: »Wer ist Jorge Mario Bergoglio?« Der Papst blickt mich schweigend an. Ich frage ihn, ob man ihm eine solche Frage stellen darf. Er gibt mir ein Zeichen, dass er die Frage akzeptiert, und sagt: »Ich weiß nicht, was für eine Definition am zutreffendsten sein könnte … Ich bin ein Sünder. Das ist die richtigste Definition. Und es ist keine Redensart, kein literarisches Genus. Ich bin ein Sünder.«[4]

Der Papst denkt weiter nach, ergriffen, so als hätte er diese Frage nicht erwartet, als wäre er gezwungen, eine weitere Überlegung anzustellen.

»Ja, ich kann vielleicht sagen, ich bin ein wenig gewieft, ich verstehe mich zu bewegen, aber es stimmt, dass ich auch ein bisschen arglos bin. Ja, aber die beste Zusammenfassung, die mir aus dem Innersten kommt und die ich für die zutreffendste halte, lautet: ›Ich bin ein Sünder,

---

[4] Vgl. Dekret 2 (Erklärung: *Jesuiten heute*) der 32. Generalkongregation der Gesellschaft Jesu (1974/75).

den der Herr angeschaut hat.‹ *Und er wiederholt:* »Ich bin einer, der vom Herrn angeschaut wird. Meinen Wahlspruch *Miserando atque eligendo* habe ich immer als sehr zutreffend für mich empfunden.«

Der Wahlspruch des Papstes stammt aus den Homilien des heiligen Beda Venerabilis, der in seinem Kommentar zur Episode der Berufung des heiligen Matthäus schreibt: »Jesus sah einen Zöllner, und als er ihn liebevoll anblickte und erwählte, *sagte er zu ihm: Folge mir!« Und der Papst fügt hinzu:* »Das lateinische Gerundium *miserando* scheint mir sowohl ins Italienische wie ins Spanische unübersetzbar zu sein. Ich würde es am liebsten mit einem anderen Gerundium übersetzen, das es gar nicht gibt: *misericordiando.*«

Papst Franziskus fährt mit einem Gedankensprung, dessen Sinn ich nicht gleich verstehe, in seiner Betrachtung fort: »Ich kenne Rom nicht. Ich kenne nur wenige Orte der Stadt. Darunter Santa Maria Maggiore; dorthin bin ich immer wieder gegangen.«[5] *Ich lache und sage zu ihm: »Das haben wir alle sehr wohl verstanden, Heiliger Vater!«*

---

[5] Santa Maria Maggiore ist eine der vier Patriarchalbasiliken Roms, gelegen auf dem Esquilinhügel (unweit des Hauptbahnhofs Stazione Termini). Am Morgen nach seiner Wahl besuchte Papst Franziskus kurz die Basilika und betete in einer Kapelle, wo er auch Blumen ablegte. Auch vor dem Abflug zum Weltjugendtag in Rio de Janeiro stattete er der dort aufbewahrten Marien-Ikone einen Besuch ab, zündete eine Kerze an und legte wieder ein Blumengebinde ab. Auch nach seiner Brasilienreise kam er kurz nach Santa Maria Maggiore und legte diesmal unter der Marien-Ikone einen Fußball und ein Trikot nieder, das Jugendliche ihm in Rio geschenkt hatten.

»Ja doch«, *fährt der Papst fort,* »ich kenne Santa Maria Maggiore, Sankt Peter ... Aber wenn ich nach Rom kam, habe ich immer in der Via Scrofa gewohnt. Von dort besuchte ich oft die Kirche San Luigi dei Francesi; dorthin ging ich, um das von Caravaggio gemalte Bild von der Berufung des heiligen Matthäus zu betrachten.«

Ich beginne zu ahnen, was mir der Papst sagen will. »Dieser Finger Jesu, der auf Matthäus weist – so bin ich, so fühle ich mich, wie Matthäus.« *Und hier wird der Papst entschieden, so als hätte er das Bild von sich, nach dem er suchte, erfasst:* »Es ist die Geste des Matthäus, die mich betroffen macht: Er packt sein Geld, als wollte er sagen: ›Nein, nicht mich! Dieses Geld gehört mir nicht! Siehe, das bin ich: ein Sünder, den der Herr angeschaut hat.‹ Und das habe ich gesagt, als sie mich fragten, ob ich meine Wahl zum Papst annehme.« *Dann murmelt er:* »Peccator sum, sed super misericordia et infinita patientia Domini nostri Jesu Christi confisus et in spiritu penitentiae accepto.«[6]

Warum sind Sie Jesuit geworden?

Ich begreife, dass diese Formel bei der Annahme der Wahl für Papst Franziskus auch ein Identitätsausweis ist. Da gibt es nichts mehr hinzuzufügen. Ich fahre mit der ersten der vor-

---

bereiteten Fragen fort: »Heiliger Vater, was hat Sie zum Ein-
tritt in die Gesellschaft Jesu bewogen? Was hat Sie am Jesui-
tenorden besonders berührt?«

»Ich wollte etwas mehr, wusste aber nicht, was. Ich war
ins Priesterseminar eingetreten. Die Dominikaner gefielen mir, und ich hatte Dominikaner als Freunde. Aber
dann habe ich die Gesellschaft Jesu gewählt, die ich gut
kannte, weil das Seminar den Jesuiten anvertraut war. An
der Gesellschaft Jesu haben mich drei Dinge berührt: der
Sendungscharakter, die Gemeinschaft und die Disziplin.
Das mutet seltsam an, weil ich von Geburt an ein undisziplinierter Mensch bin. Aber die Disziplin der Jesuiten,
ihre Art, die Zeit einzusetzen, hat mich sehr beeindruckt.«

»Und dann etwas, das für mich wirklich fundamentale
Bedeutung hat: die Gemeinschaft. Ich sehe mich nicht
als einsamen Priester. Ich brauche Gemeinschaft. Und
das wird aus der Tatsache verständlich, dass ich hier in
Santa Marta wohne: Als ich in das Haus einzog, wurde
mir per Los das Zimmer 207 zugeteilt. Das Zimmer, in
dem wir uns jetzt befinden, war ein Gästezimmer. Ich
habe mich entschieden, hier, im Zimmer 201, zu woh-
nen, weil ich, als ich die päpstliche Wohnung in Besitz
nahm, in mir ein deutliches ›Nein‹ spürte. Das päpstliche
Appartement im Apostolischen Palast ist nicht luxuriös.
Es ist alt, geschmackvoll eingerichtet und groß, nicht luxuriös. Aber letztendlich gleicht es einem umgekehrten
Trichter. Es ist groß und geräumig, aber der Eingang ist

wirklich schmal. Man tritt tropfenweise ein. Das ist nichts für mich. Ohne Menschen kann ich nicht leben. Ich muss mein Leben zusammen mit anderen leben.«

Während der Papst von Sendung und Gemeinschaft spricht, fallen mir alle jene Dokumente der Gesellschaft Jesu ein, in denen von »Gemeinschaft für die Sendung« die Rede ist. Und das finde ich in seinen Worten wieder.

Was bedeutet es für einen Jesuiten, Papst zu sein?

Ich frage den Papst, was es für ihn bedeutet, dass er der erste Jesuit ist, der zum Bischof von Rom gewählt wurde: »Wie verstehen Sie den Dienst an der Gesamtkirche, zu dessen Erfüllung Sie berufen wurden, im Licht der ignatianischen Spiritualität? Was bedeutet es für einen Jesuiten, zum Papst gewählt zu werden? Welcher Punkt der ignatianischen Spiritualität hilft Ihnen am besten, Ihr Amt zu leben?«

»Die Unterscheidung«, *antwortet Papst Franziskus,* »ist eines der Anliegen, die den heiligen Ignatius innerlich am meisten beschäftigt haben.[7] Für ihn ist sie ein Kampf-

---

[7] In den ignatianischen Exerzitien (Exerzitienbuch, Nr. 32) spielt die *Unterscheidung der Geister* (vgl. 1 Kor 12,10; 1 Joh 4,1–6) eine entscheidende Rolle und stellt dort die zentrale Übung dar; vgl. Michael Schneider, *Unterscheidung der Geister. Die ignatianischen Exerzitien in der Deutung von E. Przywara, K. Rahner und G. Fessard,* Innsbruck [2]1987; Marianne Schlosser (Hg.), *Die Gabe der Unterscheidung. Texte aus zwei Jahrtausenden,* Würzburg 2008.

mittel, um den Herrn besser kennenzulernen und ihm in größerer Nähe zu folgen. Mich hat immer eine Maxime betroffen gemacht, mit der die Vision des Ignatius beschrieben wird: *Non coerceri a maximo, sed contineri a minimo divinum est.*[8] Über diesen Satz habe ich auch im Blick auf die Leitung, auf die Erfüllung des Amtes des Superiors viel nachgedacht: sich nicht vom größeren Raum einnehmen zu lassen, sondern imstande zu sein, im engsten Raum zu bleiben. Diese Tugend des Großen und des Kleinen ist die Großmut, die uns aus der Stellung, in der wir uns befinden, immer den Horizont sehen lässt: tagtäglich die großen und die kleinen Dinge des Alltags mit einem großen und für Gott und für die anderen offenen Herzen zu erledigen. Das heißt, die kleinen Dinge wertzuschätzen innerhalb der großen Horizonte, jenen des Reiches Gottes.«

»Diese Maxime bietet die Parameter, um eine korrekte Haltung für die Unterscheidung einzunehmen, um die Dinge Gottes von seinem ›Gesichtspunkt‹ her zu sehen. Für den heiligen Ignatius müssen die großen Prinzipien in den Umständen von Raum, Zeit und Personen verkörpert sein. Johannes XXIII. nahm diese Haltung bei der Leitung ein, als er den Grundsatz wiederholte: *Omnia videre, multa dissimulare, pauca corrigere (Alles sehen, viel übersehen, wenig korrigieren).* Denn auch wenn er alles, die großen Dimen-

---

[8] »Nicht begrenzt werden vom Größten und dennoch einbeschlossen im Kleinsten, das ist göttlich.« Diese Formulierung der flämischen Jesuiten zum 100-jährigen Bestehen des Ordens 1640 übernahm Hölderlin als Motto für seinen *Hyperion.*

sionen, sah, beschäftigte er sich nur mit Wenigem, in einer sehr kleinen Dimension. Man kann große Projekte haben und sie verwirklichen, indem man auf wenige kleine Dinge als Grundlage setzt. Oder man kann schwache Mittel einsetzen, die sich als wirkungsvoller erweisen als die starken, sagt auch der heilige Paulus im ersten Korintherbrief.«[9]

»Diese Unterscheidung braucht Zeit. Viele meinen zum Beispiel, dass Veränderungen und Reformen kurzfristig erfolgen können. Ich glaube, dass man immer genügend Zeit braucht, um die Grundlagen für eine echte, wirksame Veränderung zu legen. Und das ist die Zeit der Unterscheidung. Manchmal spornt uns die Unterscheidung jedoch dazu an, etwas sofort zu erledigen, was man eigentlich später tun wollte. Und so ist es auch mir in diesen Monaten ergangen. Die Unterscheidung erfolgt immer in der Gegenwart des Herrn, indem wir auf die Zeichen achten, die Dinge, die geschehen, hören, mit den Menschen, besonders mit den Armen, fühlen. Meine Entscheidungen, auch jene, die mit dem normalen Alltagsleben zu tun haben wie die Benutzung eines einfachen Autos, sind an eine geistliche Unterscheidung gebunden, die auf ein Erfordernis antwortet, das durch die Umstände, die Menschen und durch das Lesen der Zeichen der Zeit entsteht. Die Unterscheidung im Herrn leitet mich in meiner Weise des Führens.«

---

[9] Vgl. 1 Kor 1,27 sowie 1 Kor 9,22.

»Ich misstraue jedoch Entscheidungen, die improvisiert getroffen wurden. Ich misstraue immer der ersten Entscheidung, das heißt, der ersten Sache, die zu tun mir in den Sinn kommt. Sie ist im Allgemeinen falsch. Ich muss warten, innerlich abwägen, mir die nötige Zeit nehmen. Die Weisheit der Unterscheidung gleicht die notwendige Zweideutigkeit des Lebens aus und lässt uns die geeignetsten Mittel finden, die nicht immer mit dem identisch sind, was als groß und stark erscheint.«

Die Gesellschaft Jesu

Die Unterscheidung ist also ein Stützpfeiler der Spiritualität des Papstes. Darin kommt in besonderer Weise seine jesuitische Identität zum Ausdruck. Ich frage ihn, wie seiner Meinung nach die Gesellschaft Jesu der Kirche heute dienen könne, worin ihre Besonderheit bestehe, aber auch, welche Risiken sie eingehe.

»Die Gesellschaft Jesu ist eine Institution, die sich in Spannung, immer radikal in Spannung befindet. Der Jesuit ist dezentriert. Die Gesellschaft Jesu in sich selbst ist dezentriert: Ihr Zentrum ist Christus und seine Kirche. Also: Wenn die Gesellschaft Jesus Christus und die Kirche als Mitte hat, hat sie zwei fundamentale Bezugspunkte für ihr Gleichgewicht, um an den Rändern der Gesellschaft zu leben. Wenn die Gesellschaft Jesu jedoch ihren Blick allzu sehr auf sich selbst richtet, stellt sie sich als sehr solide, gut gewappnete Struktur in den Mittelpunkt und läuft damit Gefahr, sich sicher und selbstgenügend zu fühlen. Die Gesellschaft Jesu muss immer den *Deus semper maior* vor sich haben, die Suche nach der immer größeren Ehre Gottes; sie muss vor sich haben die Kirche, die wahre Braut unseres Herrn Christus des Königs, der uns gewinnt und dem wir unsere ganze Person und unser ganzes Schicksal aufopfern, obwohl wir nur unzureichende tönerne Gefäße sind. Diese Spannung führt uns ständig aus uns selbst heraus. Was die dezentrierte Gesellschaft wirklich stark macht, ist dann das zugleich väterliche und brüderliche Mittel der ›Gewissensrechenschaft‹, weil es ihr eben hilft, besser in die Sendung hinauszugehen.«

Hier bezieht sich der Papst auf einen besonderen Punkt der Konstitutionen der Gesellschaft Jesu, wo geschrieben steht, dass »der Jesuit sein Gewissen offenlegen muss«, das heißt »seine innere Situation, die er so lebt, dass der Obere bewusster und umsichtiger sein kann, wenn er den Betreffenden zur Erfüllung seines Auftrags entsendet.«[10]

»Aber es ist schwierig, über die Gesellschaft Jesu zu sprechen«, *fährt Papst Franziskus fort:* »Wenn man zu viel erklärt, besteht die Gefahr von Missverständnissen. Die Gesellschaft Jesu kann man nur in erzählerischer Form darstellen. Nur in der Erzählung kann man die Unterscheidung anstellen, nicht aber in der philosophischen oder

---

[10] Vgl. Satzungen der Gesellschaft Jesu, Nr. 551.

theologischen Darlegung, wo man diskutieren kann. Der Stil der Gesellschaft Jesu ist nicht der Stil der Diskussion, sondern jener der Unterscheidung, die natürlich die Diskussion im Prozess voraussetzt. Das mystische Umfeld definiert nie seine Grenzen, schließt das Denken nicht ab. Der Jesuit muss immer ein Mensch von unabgeschlossenem, von offenem Denken sein. Es hat in der Gesellschaft Zeiten gegeben, in denen ein strenges, geschlossenes, eher instruktiv-asketisches als ein mystisches Denken gelebt wurde; diese Entstellung hat die *Epitome Instituti*[11] hervorgebracht.«

Hier bezieht sich der Papst auf eine Art praktische Zusammenfassung, die in der Gesellschaft Jesu im 20. Jahrhundert verfasst wurde und in Gebrauch war und als ein Ersatz der Konstitutionen angesehen wurde. Von diesem Text wurde die Ausbildung der Jesuiten lange Zeit geprägt; das ging so weit, dass manche die Konstitutionen gar nicht mehr lasen, die doch der Grundlagentext sind. Aus Sicht von Papst Franziskus drohten während dieser Zeit die Regeln den ursprünglichen Geist des Ordens zu verdrängen, und die Gesellschaft Jesu sei der Versuchung erlegen, das Charisma zu detailliert zu erläutern und festzuschreiben.

---

[11] 1924 wurde ein Handbuch der für die Gesellschaft Jesu relevanten rechtlichen Bestimmungen herausgegeben. Es erschien unter dem Titel *Epitome Instituti Societatis Iesu* und wurde mehrfach überarbeitet. Entgegen ihrem Titel gibt es nicht nur das Eigenrecht der Gesellschaft Jesu wieder, sondern auch einschlägige Bestimmungen des allgemeinen Kirchenrechts. Eine stark von den *Epitome* geprägte Mentalität kann zum Rubrizismus führen, dem Regeln wichtiger sind als der Geist der Exerzitien.

Der Papst fährt fort: »Der Jesuit denkt immer weiterführend, in Kontinuität, mit Blick auf den Horizont, in dessen Richtung er gehen soll, während er Christus im Zentrum hat. Das ist seine wahre Stärke, sie spornt ihn dazu an, auf der Suche, schöpferisch und hochherzig zu sein. Sie muss daher heute mehr denn je *contemplativa in actione (beschaulich im aktiven Tun)* sein, sie muss eine tiefe Nähe zur ganzen Kirche haben, die als ›Volk Gottes‹ und ›heilige hierarchische Mutter Kirche‹ verstanden wird. Das verlangt viel Demut, Opfer, Mut, besonders wenn man Unverständnis erlebt oder Gegenstand von Missverständnissen und Verleumdungen ist, aber es ist die fruchtbarste Haltung. Denken wir an die vergangenen Spannungen wegen der chinesischen und der malabarischen Riten sowie an die Reduktionen in Paraguay.«[12]

»Ich bin selbst Zeuge von Missverständnissen und Problemen, welche die Gesellschaft Jesu auch in jüngster Zeit erlebt hat. Darunter die schweren Zeiten, als es um die Ausweitung des ›vierten Gelübdes‹, des Gehorsams gegenüber dem Papst, auf alle Jesuiten ging. Was mir zur Zeit von Pater Pedro Arrupe[13] Sicherheit gab, war die Tatsache, dass er ein Mann des Gebetes war, ein Mann, der viel Zeit im Gebet verbrachte. Ich erinnere mich, wie er nach Art der Japaner am Boden sitzend lange Zeit im

---

[12] Anspielung auf geschichtliche ›Problemfelder‹ bei der Missionierungsarbeit der Jesuiten, die zu Konflikten mit Rom führten.
[13] Pedro Arrupe SJ (1907–1991): von 1965 bis 1983 Generaloberer der Gesellschaft Jesu.

Gebet verbrachte. Dadurch hatte er die richtige Haltung und traf die richtigen Entscheidungen.«

Das Vorbild: Peter Faber, ein »reformierter Priester«

An diesem Punkt frage ich mich, ob es unter den Jesuiten von den Anfängen der Gesellschaft Jesu bis heute Gestalten gibt, die ihn besonders berührt haben. Und so frage ich den Papst, ob es sie gibt, welche es sind und warum. Der Papst beginnt mit der Nennung von Ignatius[14] *und Franz Xaver,*[15] *aber dann hält er bei einer Gestalt inne, die die Jesuiten kennen, die aber sicher nicht allgemein bekannt ist: der selige Peter Faber (1506–1546) aus Savoyen. Er ist einer der ersten Gefährten des heiligen Ignatius, ja der Erste, mit dem er das Zimmer teilte, als beide Studenten an der Sorbonne waren. Der Dritte im selben Zimmer war Franz Xaver. Pius IX. hat Peter Faber am 5. September 1872 seliggesprochen; der Heiligsprechungsprozess ist im Gang.*

Der Papst erwähnt eine Ausgabe von Peter Fabers Memoriale, *die er von zwei Jesuitenfachleuten (Miguel A. Fiorito und Jaime H. Amadeo) erstellen ließ, als er Provinzial war. Eine Ausgabe, die dem Papst besonders gefällt, ist die von Michel*

---

[14] Ignatius von Loyola SJ (1491–1556): baskischer Gründer der Gesellschaft Jesu (Jesuiten), 1622 heiliggesprochen.

[15] Franz Xaver SJ (1506–1552): Mitbegründer der Gesellschaft Jesu und Wegbereiter der christlichen Mission in Asien, 1622 heiliggesprochen, Patron der Missionen.

de Certeau. Ich frage ihn, warum er gerade von Faber so beeindruckt ist, welche Züge seiner Gestalt ihm imponieren:

»Der Dialog mit allen, auch mit den Fernstehenderen und Gegnern, die schlichte Frömmigkeit, vielleicht eine gewisse Naivität, die unmittelbare Verfügbarkeit, seine aufmerksame innere Unterscheidung, die Tatsache, dass er ein Mann großer und starker Entscheidungen und zugleich fähig war, so sanftmütig, so sanftmütig zu sein ...«

Während Papst Franziskus die persönlichen Wesensmerkmale seines Lieblingsjesuiten aufzählt, begreife ich, wie sehr diese Gestalt für ihn tatsächlich ein Lebensvorbild gewesen ist. Michel de Certeau nennt Faber schlicht und einfach den »reformierten Priester«,[16] für den innere Erfahrung, dogmatische Formulierung und Strukturreform eng und unlösbar miteinander verbunden sind. Es scheint mir also begreiflich zu sein, dass sich Papst Franziskus gerade an dieser Art von Reform inspiriert. Der Papst fährt dann mit einer Betrachtung über das wahre Gesicht des Gründers der Gesellschaft Jesu fort:

»Ignatius ist ein Mystiker, kein Asket. Ich ärgere mich, wenn ich jemanden sagen höre, die *Geistlichen Übungen* seien nur dann ignatianisch, wenn sie schweigend vollzogen werden. In Wirklichkeit können auch Exerzitien,

---

[16] Die ersten Jesuiten, die in Oberitalien im Einsatz waren, wurden auch »preti riformati« (Reformpriester) genannt, was in den 30er und 40er Jahren des 16. Jahrhunderts durchaus Assoziationen zu Anliegen reformatorischer Theologen wachwerden ließ und auch zu Verwechslungen führte.

die mitten im Lebensalltag und nicht schweigend vollzogen werden, vollkommen ignatianisch sein. Jene verzer-
rende Strömung, die das Asketentum, das Schweigen und
die Buße unterstreicht, hat sich besonders im spanischen
Umfeld auch in der Gesellschaft Jesu verbreitet. Ich stehe
hingegen der mystischen Strömung von Louis Lallement[17] und Jean-Joseph Surin[18] nahe. Und auch Peter
Faber war ein Mystiker.«

Die Erfahrung von Führung und Leitung

*Welche Art von Leitungserfahrung hat Pater Bergoglios Aus-
bildung – er war zunächst Hausoberer und dann Provinz-
oberer in der Gesellschaft Jesu – weiter reifen lassen? Der
Führungsstil der Gesellschaft setzt die Entscheidung seitens
des Oberen, aber auch das Gegenüber mit seinen Konsultoren
(Beratern) voraus.*

*Und so frage ich den Papst: »Denken Sie, dass Ihre Füh-
rungserfahrung aus der Vergangenheit Ihnen bei Ihrer ak-
tuellen Leitung der Gesamtkirche dienen kann?« Papst Franziskus wird nach einer kurzen Überlegungspause ernst, bleibt
dabei aber sehr gelassen:*

---

[17] Louis Lallement SJ (1578–1635): französischer Theologe und Mystiker mit
nachhaltigem Einfluss auf die Spiritualität der Gesellschaft Jesu und des geistlichen Lebens (»zweite Bekehrung«, »inneres Beten«).
[18] Jean-Joseph Surin SJ (1600–1665): französischer Theologe und Mystiker.

»Um die Wahrheit zu sagen: In meiner Erfahrung als Oberer in der Gesellschaft habe ich mich nicht immer so korrekt verhalten, dass ich die notwendigen Konsultationen durchführte. Und das war keineswegs gut. Mein Führungsstil als Jesuit hatte anfangs viele Mängel. Es war eine schwere Zeit für die Gesellschaft Jesu: Eine ganze Jesuitengeneration war ausgefallen. Deshalb wurde ich schon in sehr jungen Jahren zum Provinzial ernannt. Ich war erst 36 Jahre alt – eine Verrücktheit! Ich musste mich mit sehr schwierigen Situationen auseinandersetzen und traf meine Entscheidungen schroff und eigenmächtig. Ja, aber etwas muss ich doch noch hinzufügen: Wenn ich einer Person eine Sache anvertraue, habe ich totales Vertrauen zu dieser Person. Sie muss wirklich einen sehr schweren Fehler begehen, bevor ich sie zurechtweise. Dessen ungeachtet sind die Menschen des Autoritarismus überdrüssig. Meine autoritäre und schnelle Art, Entscheidungen zu treffen, hat mir ernste Probleme und die Beschuldigung eingebracht, ultrakonservativ zu sein. Ich habe eine Zeit einer großen inneren Krise durchgemacht, als ich in Córdoba lebte. Nun bin ich sicher nicht wie die selige Imelda[19] gewesen, aber ich bin nie einer von den ›Rechten‹ gewesen. Es war meine autoritäre Art, Entscheidungen zu treffen, die Probleme verursachte.«

»Ich spreche von diesen Dingen als einer Lebenserfahrung und um begreiflich zu machen, welche Gefahren es gibt.

---

[19] Redensartlich etwa: »ein Tugendlamm«.

Mit der Zeit habe ich vieles gelernt. Der Herr hat mir diese Führungspädagogik ungeachtet meiner Fehler und Sünden gewährt. So hatte ich als Erzbischof von Buenos Aires alle vierzehn Tage ein Treffen mit meinen sechs Weihbischöfen und mehrmals im Jahr mit dem Priesterrat. Es wurden Fragen gestellt und der Raum für die Diskussion geöffnet. Das hat mir sehr geholfen, die besten Entscheidungen zu fällen. Und nun höre ich gewisse Personen, die mir sagen: ›Man soll nicht zu viel beraten, sondern entscheiden.‹ Ich glaube jedoch, dass die Konsultation sehr wichtig ist. Die Konsistorien und die Synoden sind zum Beispiel wichtige Orte, um diese Konsultation wahrhaftig und aktiv durchzuführen. Man sollte sie in der Form allerdings weniger starr gestalten. Ich wünsche mir wirkliche, keine formellen Konsultationen. Das Gremium der acht Kardinäle – diese Beratungsgruppe von außen – ist nicht allein meine Entscheidung, sondern Frucht des Willens der Kardinäle, wie er bei den Generalkongregationen vor dem Konklave zum Ausdruck gebracht wurde. Und ich will, dass es echte, keine formellen Beratungen geben wird.«

»Mit der Kirche fühlen«

Ich bleibe beim Thema Kirche und versuche zu verstehen, was es für Papst Franziskus genau bedeutet »mit der Kirche zu fühlen«, wovon der heilige Ignatius in seinen Geistlichen Übungen schreibt. Der Papst antwortet, ohne zu zögern, mit einem Bild:

42

»Das Bild der Kirche, das mir gefällt, ist das des heiligen Volkes Gottes. Die Definition, die ich oft verwende, ist die des Konzilsdokuments *Lumen gentium* in Nummer 12. Die Zugehörigkeit zu einem Volk hat einen großen theologischen Wert: Gott hat in der Heilsgeschichte ein Volk erlöst. Es gibt keine volle Identität ohne die Zugehörigkeit zu einem Volk. Niemand wird allein gerettet, als isoliertes Individuum. Gott zieht uns an sich und betrachtet dabei die komplexen Gebilde der zwischenmenschlichen Beziehungen, die sich in der menschlichen Gesellschaft abspielen. Gott tritt in diese Volksdynamik ein.«

»Das Volk ist das Subjekt. Und die Kirche ist das Volk Gottes auf dem Weg der Geschichte – mit seinen Freuden und Leiden. Fühlen mit der Kirche bedeutet für mich, in dieser Kirche zu sein. Und das Ganze der Gläubigen ist unfehlbar im Glauben. Es zeigt diese *Unfehlbarkeit im Glauben* durch den übernatürlichen Glaubenssinn des ganzen Volkes Gottes auf dem Weg. So verstehe ich heute das *Sentire cum ecclesia,* von dem der heilige Ignatius spricht. Wenn der Dialog der Gläubigen mit dem Bischof und dem Papst auf diesem Weg geht und loyal ist, dann hat er den Beistand des Heiligen Geistes. Es ist also kein Fühlen, das sich auf die Theologen bezieht.«

»Es ist wie bei Maria: Wenn man wissen will, wer sie ist, fragt man die Theologen. Wenn man wissen will, wie man sie liebt, muss man das Volk fragen. Ihrerseits liebte Maria Jesus mit dem Herzen des Volkes – wie wir im

Magnificat lesen. Man muss also nicht denken, dass das Verständnis des *Sentire cum ecclesia* nur an das Fühlen mit dem hierarchischen Teil der Kirche gebunden sei.«

Der Papst präzisiert nach einer Denkpause trocken, um Missverständnisse zu vermeiden: »Freilich muss man aufpassen, dass man nicht meint, diese Form der *Unfehlbarkeit* aller Gläubigen, von der ich im Licht des Konzils spreche, sei eine Art Populismus. Nein, es ist die Erfahrung der ›heiligen hierarchischen Mutter Kirche‹, wie sie der heilige Ignatius genannt hat, der Kirche als Volk Gottes, die Hirten und das Volk zusammen. Die Kirche ist die Ganzheit des Volkes Gottes. Ich sehe die Heiligkeit im Volk Gottes, seine tägliche Heiligkeit. Es gibt eine ›Mittelklasse der Heiligkeit‹, an der wir alle teilhaben können, von der Malègue spricht.«

Der Papst bezieht sich auf Joseph Malègue, einen ihm lieben französischen Schriftsteller, geboren 1876 und gestorben 1940. Er meint besonders seine unvollendete Trilogie Pierres noires – die Mittelklassen des Heils. *Manche französische Kritiker nennen Malègue auch den* »katholischen Proust«.

Der Papst fährt fort: »Ich sehe die Heiligkeit im geduldigen Volk Gottes: eine Frau, die ihre Kinder großzieht, ein Mann, der arbeitet, um Brot nach Hause zu bringen, die Kranken, die alten Priester, die so viele Verletzungen haben, aber auch ein Lächeln, weil sie dem Herrn gedient haben, die Schwestern, die so viel arbeiten und eine verborgene

Heiligkeit leben. Das ist für mich die allgemeine Heiligkeit. Ich bringe Heiligkeit oft in Verbindung mit Geduld: nicht nur die Geduld als *hypomoné*,[20] als das Auf-sich-Nehmen von Ereignissen und Lebensumständen, sondern auch als Ausdauer im täglichen Weitergehen. Das ist die Heiligkeit der *kämpfenden Kirche*, von der Ignatius auch spricht. Das war die Heiligkeit meiner Eltern, meines Vaters, meiner Mutter, meiner Großmutter Rosa, die mir so viel Gutes getan hat. In meinem Brevier habe ich das Testament meiner Großmutter Rosa. Ich lese es oft: Es ist für mich wie ein Gebet. Sie ist eine Heilige, die so viel gelitten hat – auch moralisch. Sie ist immer mit Mut vorangegangen.«

»Diese Kirche, mit der wir denken und fühlen sollen, ist das Haus aller – keine kleine Kapelle, die nur ein Grüppchen ausgewählter Personen aufnehmen kann. Wir dürfen die Universalkirche nicht auf ein schützendes Nest unserer Mittelmäßigkeit reduzieren. Und die Kirche ist Mutter. Die Kirche ist fruchtbar, und das muss sie sein. Schau, wenn ich negative Verhaltensweisen von Dienern der Kirche oder von Ordensmännern oder -frauen bemerke, ist das Erste, was mir in den Sinn kommt: ›eingefleischter Junggeselle!‹ oder ›alte Jungfer!‹ Sie sind weder Väter noch Mütter. Sie sind nicht imstande gewesen, Leben weiterzugeben. Wenn ich hingegen die Biografien der Salesianer-Missionare lese, die nach Patagonien gegangen sind, lese ich Geschichten von Leben, von Fruchtbarkeit.«

---

[20] Das im Neuen Testament verwendete griechische Wort für Geduld.

»Ein anderes Beispiel aus diesen Tagen: Ich habe gesehen, dass das Telefongespräch, das ich mit einem Jungen geführt habe, von den Zeitungen aufgegriffen wurde. Ich habe angerufen, weil er mir einen sehr schönen Brief geschrieben hatte, ganz einfach. Das war für mich ein Akt der Fruchtbarkeit. Ich habe mir bewusst gemacht, dass ein heranwachsender Junge einen als Vater angesehen hat und ihm etwas von seinem Leben erzählt. Der Vater kann nicht sagen: ›Darauf pfeife ich!‹ – Diese Fruchtbarkeit tut mir sehr gut.«

Junge und alte Kirchen

Ich bleibe beim Thema Kirche und stelle dem Papst eine Frage im Licht des jüngsten Weltjugendtages: »Dieses große Ereignis hat erneut die Scheinwerfer auf die Jugend gerichtet, aber auch auf diese ›geistlichen Lungen‹, die die jungen Kirchen darstellen. Welche Hoffnungen fließen aus diesen Kirchen für die Gesamtkirche?«

»Die jungen Kirchen entwickeln eine Synthese aus Glauben, Kultur und Leben auf dem Weg. Sie ist anders als die entwickelte Synthese der älteren Kirchen. Für mich ist das Verhältnis zwischen den älteren Kirchen und den jüngeren ähnlich dem Verhältnis von Jüngeren und Älteren in einer Gesellschaft: Sie bauen die Zukunft – die Einen mit ihrer Kraft, die Anderen mit ihrer Weisheit. Sie gehen selbstverständlich immer Risiken ein. Die jüngeren Kirchen halten sich für selbständig und autonom, die älteren

wollen den jüngeren ihre kulturellen Modelle aufdrücken.
Die Zukunft baut man aber miteinander.«

Die Kirche – ein Feldlazarett

Papst Benedikt XVI. hat bei der Ankündigung seines Rücktritts die Welt als ein Subjekt rascher Veränderungen gezeichnet. Sie sei bewegt von sehr relevanten Fragen für das Glaubensleben, die Körper- und Geisteskräfte verlangten. Ich frage den Papst auch im Licht dessen, was er mir eben gesagt hat: »Was braucht die Kirche in diesem historischen Moment besonders? Sind Reformen nötig? Was sind Ihre Wünsche für die Kirche in den kommenden Jahren? Von welcher Kirche ›träumen‹ Sie?«

Papst Franziskus geht vom Anfang meiner Frage aus und beginnt: »Papst Benedikt hat einen Akt der Heiligkeit vollbracht, einen Akt der Größe, der Demut. Er ist ein Mann Gottes.« *Papst Franziskus zeigt große Zuneigung und enorme Hochachtung für seinen Vorgänger.*

»Ich sehe ganz klar« – *fährt er fort* –, »dass das, was die Kirche heute braucht, die Fähigkeit ist, Wunden zu heilen und die Herzen der Menschen zu wärmen – Nähe und Verbundenheit. Ich sehe die Kirche wie ein Feldlazarett nach einer Schlacht. Man muss einen Schwerverwundeten nicht nach Cholesterin oder nach hohem Zucker fragen. Man muss die Wunden heilen. Dann können wir von allem anderen sprechen. Die Wunden heilen, die Wunden heilen ... Man muss ganz unten anfangen.«

»Die Kirche hat sich manchmal in kleine Dinge einschließen lassen, in kleine Vorschriften. Die wichtigste Sache ist aber die erste Botschaft: ›Jesus Christus hat dich gerettet.‹ Die Diener der Kirche müssen vor allem Diener der Barmherzigkeit sein. Der Beichtvater – zum Beispiel – ist immer in Gefahr, zu streng oder zu lax zu sein. Keiner von beiden ist barmherzig, denn keiner nimmt sich wirklich des Menschen an. Der Rigorist wäscht sich die Hände, denn er beschränkt sich auf das Gebot. Der Laxe wäscht sich die Hände, indem er einfach sagt: ›Das ist keine Sünde‹ – oder so ähnlich. Die Menschen müssen begleitet werden, die Wunden geheilt.«

»Wie behandeln wir das Volk Gottes? Ich träume von einer Kirche als Mutter und als Hirtin. Die Diener der Kirche müssen barmherzig sein, sich der Menschen annehmen, sie begleiten – wie der gute Samariter, der seinen Nächsten wäscht, reinigt, aufhebt. Das ist pures Evangelium. Gott ist größer als die Sünde. Die organisatorischen und strukturellen Reformen sind sekundär, sie kommen danach. Die erste Reform muss die der Einstellung sein. Die Diener des Evangeliums müssen in der Lage sein, die Herzen der Menschen zu erwärmen, in der Nacht mit ihnen zu gehen. Sie müssen ein Gespräch führen und in die Nacht hinabsteigen können, in ihr Dunkel, ohne sich zu verlieren. Das Volk Gottes will Hirten und nicht Funktionäre oder Staatskleriker. Die Bischöfe speziell müssen Menschen sein, die geduldig die Schritte Gottes mit seinem Volk unterstützen können, so dass niemand zurückbleibt. Sie müssen die Herde auch begleiten können, die weiß, wie man neue Wege geht.«

»Statt nur eine Kirche zu sein, die mit offenen Türen aufnimmt und empfängt, versuchen wir, eine Kirche zu sein, die neue Wege findet, die fähig ist, aus sich heraus und zu denen zu gehen, die nicht zu ihr kommen, die ganz weggegangen oder die gleichgültig sind. Die Gründe, die jemanden dazu gebracht haben, von der Kirche wegzugehen – wenn man sie gut versteht und wertet – können auch zur Rückkehr führen. Es braucht Mut und Kühnheit.«

Ich fasse zusammen, was der Papst sagt, und beziehe mich dann auf das Faktum, dass es Christen gibt, die in kirchlich nicht geregelten oder komplexen Situationen leben, Christen, die in einer oder anderer Weise offene Wunden haben. Ich denke an wiederverheiratete Geschiedene, homosexuelle Paare, andere schwierige Situationen. Wie kann man in solchen Fällen eine missionarische Seelsorge pflegen? Was betonen? Der Papst zeigt, dass er mich verstanden hat, und antwortet:

»Wir müssen das Evangelium auf allen Straßen verkünden, die frohe Botschaft vom Reich Gottes verkünden und – auch mit unserer Verkündigung – jede Form von Krankheit und Wunde pflegen. In Buenos Aires habe ich Briefe von homosexuellen Personen erhalten, die ›sozial verwundet‹ sind, denn sie fühlten sich immer von der Kirche verurteilt. Aber das will die Kirche nicht. Auf dem Rückflug von Rio de Janeiro habe ich gesagt, wenn eine homosexuelle Person guten Willen hat und Gott sucht, dann bin ich keiner, der sie verurteilt. Damit habe ich das gesagt, was der Katechismus sagt. Die Religion hat das Recht, die eigene Überzeugung im Dienst am Menschen auszudrücken, aber Gott hat uns in der Schöpfung frei gemacht: Es darf keine spirituelle Einmischung in das persönliche Leben geben. Einmal hat mich jemand provozierend gefragt, ob ich Homosexualität billige. Ich habe ihm mit einer anderen Frage geantwortet: ›Sag mir: Wenn Gott eine homosexuelle Person sieht, schaut er diese Existenz mit Liebe an oder verurteilt er sie und weist sie zurück?‹ Man muss immer die Person anschauen. Wir treten hier in das Geheimnis der Person ein. Gott begleitet die Menschen durch das Leben und wir müssen sie begleiten und ausgehen von ihrer Situation. Wir müssen sie mit Barmherzigkeit begleiten. Wenn das geschieht, gibt der Heilige Geist dem Priester ein, das Richtige zu sagen.«

»Das ist auch die Größe der Beichte: jeden Fall für sich zu bewerten, unterscheiden zu können, was das Richtige für einen Menschen ist, der Gott und seine Gnade sucht. Der Beichtstuhl ist kein Folterinstrument, sondern Ort der Barmherzigkeit, an dem der Herr uns anregt, das Bestmögliche zu tun. Ich denke auch an die Situation einer Frau, deren Ehe gescheitert ist, in der sie auch abgetrieben hat. Jetzt ist sie wieder verheiratet, ist zufrieden und hat fünf Kinder. Die Abtreibung belastet sie und sie bereut wirklich. Sie will als Christin weitergehen. Was macht der Beichtvater?«

»Wir können uns nicht nur mit der Frage um die Abtreibung befassen, mit homosexuellen Ehen, mit Verhütungsmethoden. Das geht nicht. Ich habe nicht viel über diese Sachen gesprochen. Das wurde mir vorgeworfen. Aber wenn man davon spricht, muss man den Kontext beachten. Im Übrigen kennt man ja die Ansichten der Kirche, und ich bin ein Sohn der Kirche. Aber man muss nicht endlos davon sprechen.«

»Die Lehren der Kirche – dogmatische wie moralische – sind nicht alle gleichwertig. Eine missionarische Seelsorge ist nicht davon besessen, ohne Unterscheidung eine Menge von Lehren aufzudrängen. Eine missionarische Verkündigung konzentriert sich auf das Wesentliche, auf das Nötige. Das ist auch das, was am meisten anzieht, was das Herz glühen lässt – wie bei den Jüngern von Emmaus. Wir müssen also ein neues Gleichgewicht finden, sonst fällt auch das moralische Gebäude der Kirche wie ein Kartenhaus zusammen, droht, seine Frische und den Geschmack des Evangeliums zu verlieren. Die Verkündigung des Evangeliums muss einfacher sein, tief und ausstrahlend. Aus dieser Verkündigung fließen dann die moralischen Folgen.«

»Wenn ich das sage, denke ich auch an unsere Predigt und die Inhalte der Predigten. Eine schöne Predigt, eine echte

Predigt muss beginnen mit der ersten Verkündigung, mit der Botschaft des Heils. Es gibt nichts Solideres, Tieferes, Festeres als diese Verkündigung. Dann muss eine Katechese kommen. Dann kann auch eine moralische Folgerung gezogen werden. Aber die Verkündigung der heilbringenden Liebe Gottes muss der moralischen und religiösen Verpflichtung vorausgehen. Heute scheint oft die umgekehrte Ordnung vorzuherrschen. Die Homilie ist der Maßstab, um Nähe und Fähigkeit der Begegnung zwischen Seelsorger und Volk zu messen. Wer predigt, muss das Herz seiner Gemeinschaft kennen, um zu sehen, wo die Frage nach Gott lebendig und heiß ist. Die evangelische Botschaft darf nicht auf einige Aspekte verkürzt werden. Auch wenn diese wichtig sind, können sie nicht allein das Zentrum der Lehre Jesu zeigen.«

Erster Papst aus einem Orden nach 182 Jahren

Papst Franziskus ist der erste Papst, der aus einem religiösen Orden kommt – nach dem Kamaldulenser Gregor XVI., der 1831, vor 182 Jahren, gewählt wurde. Ich frage also: »Was ist heute der spezifische Platz der Ordensmänner und Ordensfrauen in der Kirche?«

»Ordensleute sind Propheten. Sie sind diejenigen, die eine Nachfolge Jesu gewählt haben, die sein Leben im Gehorsam gegen den Vater nachahmt, Armut, Gemeinschaftsleben und Keuschheit. In diesem Sinn dürfen die Gelübde nicht zu Karikaturen werden, sonst wird zum Beispiel das Gemeinschaftsleben zur Hölle, die Keuschheit zum Leben als alter Junggeselle. Das Gelübde der Keuschheit muss ein Gelübde der Fruchtbarkeit sein. In der Kirche sind Ordensleute besonders berufen, Propheten zu sein, die bezeugen, wie Jesus auf dieser Erde gelebt hat, und die zeigen, wie das Reich Gottes in seiner Vollendung sein wird. Ein Ordensmann oder eine Ordensfrau darf nie auf Prophetie verzichten. Das bedeutet nicht, dass man sich gegen die hierarchische Seite der Kirche stellt, wenn die prophetische Funktion und die hierarchische Struktur nicht übereinstimmen. Ich spreche von einem positiven Vorschlag, der aber keine Angst machen darf. Denken wir daran, was so viele große heilige Mönche, Ordensfrauen und -männer seit dem Abt Antonius getan haben. Prophet zu sein, bedeutet manchmal, laut zu sein – ich weiß nicht, wie ich mich ausdrücken soll. Die Prophetie macht Lärm, Krach – manche meinen ›Zirkus‹. Aber in Wirklichkeit ist es ihr Charisma, Sauerteig zu sein: Die Prophetie verkündet den Geist des Evangeliums.«

Römische Dikasterien, Synodalität, Ökumene

Da der Papst die Hierarchie erwähnt, frage ich: »Was denken Sie von den römischen Dikasterien?«

»Die römischen Dikasterien (Kongregationen, Räte und die anderen Ämter) stehen im Dienst des Papstes und der

Bischöfe. Sie müssen den Ortskirchen helfen oder den Bischofskonferenzen. Es sind Einrichtungen des Dienstes. In Einzelfällen, wenn man sie nicht richtig versteht, laufen sie Gefahr, Zensurstellen zu werden. Es ist eindrucksvoll, die Anzeigen wegen Mangel an Rechtgläubigkeit, die in Rom eingehen, zu sehen. Ich meine, dass diese von den Bischofskonferenzen untersucht werden müssen, die ihrerseits Hilfe aus Rom bekommen können. Die Fälle werden besser an Ort und Stelle behandelt. Die römischen Dikasterien sind Vermittler, sie sind nicht autonom.«

Ich erinnere den Papst daran, dass er am vergangenen 29. Juni bei der Segnung und Übergabe der Pallien an 34 neue Erzbischöfe den »Weg der Synodalität« betont hatte; dieser führe die vereinte Kirche dahin, »in Harmonie mit dem Dienst des Primats zu wachsen«. Deshalb meine Frage: »Wie kann man den Primat des Petrus mit der Synodalität vereinbaren? Welche Wege sind praktikabel – auch in ökumenischer Perspektive?«

»Man muss gemeinsam gehen: Volk, Bischöfe, Papst. Synodalität muss auf verschiedenen Ebenen gelebt werden. Vielleicht ist es Zeit, die Methode der Synode zu verändern, denn die derzeitige scheint mir statisch. Das kann dann auch einen ökumenischen Wert haben – besonders mit unseren orthodoxen Brüdern. Von ihnen kann man noch mehr den Sinn der bischöflichen Kollegialität und die Tradition der Synodalität lernen. Die Bemühung um die gemeinsame Reflexion, der Blick darauf, wie die Kirche in den ersten Jahrhunderten vor dem Bruch zwischen Osten und Westen gelenkt wurde, wird zur rechten Zeit Frucht bringen. In den ökumenischen Beziehungen ist dies wichtig: das, was der Geist in den anderen gesät hat, nicht nur besser zu kennen, sondern vor allem auch besser anzuerkennen als ein Geschenk auch an uns. Ich möchte in der Reflexion über den Primat des Petrus fortfahren, der 2007 von der *Gemischten Kommission* begonnen wurde. Er hat zur Unterschrift des Dokuments von Ravenna[21] geführt. Auf diesem Weg muss man fortfahren.«

Ich versuche zu verstehen, wie der Papst die Zukunft der Kircheneinheit sieht. Er antwortet: »Wir müssen vereint in den Unterschieden vorangehen. Es gibt keinen anderen Weg, um eins zu werden. Das ist der Weg Jesu.«

Und die Rolle der Frau in der Kirche? Der Papst hat bei verschiedenen Gelegenheiten auf dieses Thema hingewiesen. In einem Interview hatte er betont, dass die Bedeutung der Frau in der Kirche nicht genug deutlich wurde, denn die Versuchung der Männerherrschaft hat verhindert, dass die Rolle sichtbar wurde, die der Frau in der Gemeinschaft zukommt. Er hat die Frage wieder aufgegriffen auf dem Rückflug von Rio de Janeiro und unterstrichen, dass eine gründ-

---

[21] Das Schlussdokument der Vollversammlung der Gemischten Internationalen Kommission für den theologischen Dialog zwischen der katholischen Kirche und den orthodoxen Kirchen in Ravenna (Oktober 2007) befasst sich mit der sakramentalen Struktur der Kirche und mit der Position des Papstes. Es gilt als Schritt auf dem ökumenischen Weg der West- und der Ostkirche.

liche Theologie der Frau fehlt. Daher frage ich ihn: »Was muss die Rolle der Frau in der Kirche sein? Was ist zu tun, damit sie heute in der Kirche sichtbarer wird?«

»Die Räume für eine wirkungsvollere weibliche Präsenz in der Kirche müssen weiter werden. Ich fürchte mich aber vor einem ›Machismo im Rock‹, denn Frauen sind anders strukturiert als Männer. Die Reden, die ich über die Rolle der Frau in der Kirche höre, sind oft von einer Männlichkeits-Ideologie inspiriert. Die Frauen stellen tiefe Fragen, denen wir uns stellen müssen. Die Kirche kann nicht sie selbst sein ohne Frauen und deren Rolle. Die Frau ist für die Kirche unabdingbar. Maria – eine Frau – ist wichtiger als die Bischöfe. Ich sage das, denn man darf Funktion und Würde nicht verwechseln. Man muss daher die Vorstellung der Frau in der Kirche vertiefen. Man muss noch mehr über eine gründliche Theologie der Frau arbeiten. Nur wenn man diesen Weg geht, kann man besser über die Funktion der Frau im Inneren der Kirche nachdenken. Der weibliche Genius ist nötig an den Stellen, wo wichtige Entscheidungen getroffen werden. Die Herausforderung heute ist: reflektieren über den spezifischen Platz der Frau gerade auch dort, wo in den verschiedenen Bereichen der Kirche Autorität ausgeübt wird.«

Das Zweite Vatikanische Konzil

Was hat das Zweite Vatikanum verwirklicht? Was ist gewesen? –
Ich frage ihn im Licht der vorhergehenden Aussagen und er-
warte eine lange und ausgefeilte Antwort. Der Papst hingegen,
scheint mir, sieht das Konzil einfach als ein so selbstverständlich
gegebenes Faktum an, dass es sich nicht lohnt, länger darüber
zu sprechen, um seine Bedeutung zu unterstreichen.

»Das Zweite Vatikanum war eine neue Lektüre des Evangeliums im Licht der zeitgenössischen Kultur. Es hat eine
Bewegung der Erneuerung ausgelöst, die aus dem Evangelium selbst kommt. Die Früchte waren enorm. Es reicht,
an die Liturgie zu erinnern. Die Arbeit der Liturgiereform
war ein Dienst am Volk, wie eine neue Lektüre des Evangeliums, ausgehend von einer konkreten historischen Situation. Ja, da gibt es Linien, die auf eine Hermeneutik
der Kontinuität und eine der Diskontinuität hinweisen.
Aber eines ist klar: Die Dynamik der aktualisierten Lektüre
des Evangeliums von heute, die dem Konzil eigen ist, ist
absolut unumkehrbar. Dann gibt's da spezielle Fragen wie
die der Liturgie nach dem Alten Ritus. Ich denke, dass die
Entscheidung von Papst Benedikt[22] klug abwägend gewesen ist als Hilfe für einige Personen, die diese besondere
Sensibilität haben. Ich finde aber das Risiko einer Ideologi-

---

[22] Mit dem Motuproprio *Summorum Pontificum* vom 7. Juli 2007 und der In-
struktion *Universae ecclesiae* vom 13. Mai 2011 hat Benedikt XVI. die Feier der
heiligen Messe nach dem Tridentinischen Ritus als »außerordentliche Form«
wieder erlaubt und geregelt.

sierung des *Vetus Ordo*, seine Instrumentalisierung, sehr gefährlich.

Gott in allen Dingen suchen und finden

Was Papst Franziskus über die Herausforderungen von heute sagt, ist sehr pointiert. Vor Jahren hat er geschrieben, um die Wirklichkeit zu sehen, sei ein Blick des Glaubens nötig, sonst sehe man die Wirklichkeit nur in Teilen, in Fragmenten. Das ist auch ein Thema der Enzyklika Lumen fidei. *Ich erinnere mich auch an einige Passagen der Reden von Papst Franziskus während des Weltjugendtages in Rio de Janeiro. Ich lese ihm vor.* »Gott ist real, wenn er sich im Heute zeigt«, »Gott ist überall.« *Das sind Sätze, die die Aussage des heiligen Ignatius wiedergeben:* »Gott suchen und finden in allen Dingen«. *Ich frage daher den Papst:* »Heiligkeit, wie geht das: Gott in allen Dingen suchen und finden?«

»Was ich in Rio de Janeiro gesagt habe, hat eine zeitgebundene Bedeutung. Es gibt de facto die Versuchung, Gott in der Vergangenheit zu suchen oder in den Zukunftsmöglichkeiten. Gott ist gewiss in der Vergangenheit, denn man findet ihn in den Abdrücken, die er hinterlassen hat. Er ist auch in der Zukunft, als Versprechen. Aber der – sagen wir – *konkrete Gott* ist heute. Daher hilft das Jammern nie, nie, um Gott zu finden. Die Klage darüber, wie barbarisch die Welt heute sei, will manchmal nur verstecken, dass man in der Kirche den Wunsch nach einer rein bewahrenden Ordnung, nach Verteidigung hat. Nein – Gott begegnet man im Heute.«

»Gott zeigt sich in einer geschichtsgebundenen Offenbarung, in der Zeit. Die Zeit stößt Prozesse an, der Raum kristallisiert sie. Gott findet sich in der Zeit, in den laufenden Prozessen. Wir brauchen Räume der Machtausübung nicht zu bevorzugen gegenüber Zeiten der Prozesse, selbst wenn sie lange dauern. Wir müssen eher Prozesse in Gang bringen als Räume besetzen. Gott offenbart sich in der Zeit und ist gegenwärtig in den Prozessen der Geschichte. Das erlaubt, Handlungen zu priorisieren, die neue Dynamiken hervorrufen. Es verlangt auch Geduld und Warten.«

»Die Begegnung mit Gott in allen Dingen ist kein empirisches *Heureka*. Wenn wir Gott begegnen wollen, wollen wir ihn – im Grunde – sofort mit empirischen Methoden feststellen. So begegnet man Gott nicht. Man findet ihn eher wie Elija im sanften, leisen Säuseln.[23] Die Sinne, die Gott wahrnehmen, sind diejenigen, die Ignatius ›spirituelle Sinne‹ nennt. Ignatius verlangt, die geistliche Sensibilität zu öffnen, um Gott zu begegnen – jenseits einer rein empirischen Annäherung. Nötig ist eine kontemplative Haltung: Es ist das Gefühl, dass man auf dem rechten Weg des Verstehens und der Zuneigung gegenüber Dingen und Situationen geht. Das Zeichen dafür,

---

[23] Vgl. 1 Kön 19,1–13.

dass man auf dem rechten Weg ist, ist das Zeichen tiefen Friedens, des geistlichen Trostes, der Liebe zu Gott und allen Dingen in Gott.«

Die Sicherheit vor Irrtümern

Wenn die Begegnung mit Gott nicht ein »empirisches Heureka« ist – so sage ich zum Papst – und wenn es sich also um einen Weg handelt, auf dem man die Geschichte interpretiert, dann kann man wohl auch Fehler machen?

»Ja, bei diesem Suchen und Finden Gottes in allen Dingen bleibt immer ein Bereich der Unsicherheit. Er muss da sein. Wenn jemand behauptet, er sei Gott mit absoluter Sicherheit begegnet, und nicht berührt ist von einem Schatten der Unsicherheit, dann läuft etwas schief. Für mich ist das ein wichtiger Erklärungsschlüssel. Wenn einer Antworten auf alle Fragen hat, dann ist das der Beweis dafür, dass Gott nicht mit ihm ist. Das bedeutet, dass er ein falscher Prophet ist, der die Religion für sich selbst benutzt. Die großen Führer des Gottesvolkes wie Mose haben immer Platz für den Zweifel gelassen. Man muss Platz für den Herrn lassen, nicht für unsere Sicherheiten. Man muss demütig sein. Die Unsicherheit hat man bei jeder echten Entscheidung, die offen ist für die Bestätigung durch geistlichen Trost.«

»Das Risiko beim Suchen und Finden Gottes in allen Dingen ist daher der Wunsch, alles zu sehr zu erklären, etwa mit menschlicher Sicherheit und Arroganz zu sagen: ›Hier ist Gott.‹ Dann finden wir nur einen Gott nach unserem Maß. Die richtige Einstellung ist die von Augustinus: Gott suchen, um ihn zu finden, ihn finden, um ihn immer zu suchen. Und häufig findet man nur tastend, wie man in der Bibel liest. Das ist die Erfahrung der großen Väter des Glaubens, die unser Vorbild sind. Man sollte das 11. Kapitel des Briefes an die Hebräer lesen: Abraham ist aufgebrochen, ohne zu wissen, wohin er gehen soll – im Glauben. Alle unsere Vorfahren im Glauben starben im Blick auf die verheißenen Güter – aber immer von Ferne … Unser Leben ist uns nicht gegeben wie ein Opernlibretto, in dem alles steht. Unser Leben ist Gehen, Wandern, Tun, Suchen, Schauen … Man muss in das Abenteuer der Suche nach der Begegnung eintreten und in das Sich-suchen-Lassen von Gott, das Sich-begegnen-Lassen mit Gott.«

»Denn Gott ist voraus, Gott ist der Immer-voraus-Seiende, geht voraus. Gott ist ein wenig wie die Mandelblüte in deinem Sizilien, Antonio, die immer als Erste blüht. Das lesen wir bei den Propheten. Daher begegnet man Gott beim Gehen, auf dem Weg. Hier könnte einer sagen: Das ist Relativismus. Ist es Relativismus? Ja, wenn man ihn schlecht versteht – wie einen verschwommenen Pantheismus; nein, wenn man ihn im biblischen Sinn versteht, für den Gott immer eine Überraschung ist. Daher weißt du nie, wo und wie du ihn triffst. Nicht du fixierst Zeiten und Orte der Begegnung mit ihm. Man muss daher die Begegnung erkennen, ausmachen. Dafür ist die Unterscheidung grundlegend.«

»Wenn der Christ restaurativ ist, ein Legalist, wenn er alles klar und sicher haben will, dann findet er nichts. Die Tradition und die Erinnerung an die Vergangenheit müssen uns zu dem Mut verhelfen, neue Räume für Gott zu öffnen. Wer heute immer disziplinäre Lösungen sucht, wer in übertriebener Weise die ›Sicherheit‹ in der Lehre sucht, wer verbissen die verlorene Vergangenheit sucht, hat eine statische und rückwärtsgewandte Vision. Auf diese Weise wird der Glaube eine Ideologie unter vielen. Ich habe eine dogmatische Sicherheit: Gott ist im Leben jeder Person. Gott ist im Leben jedes Menschen. Auch wenn das Leben eines Menschen eine Katastrophe war, wenn es von Lastern zerstört ist, von Drogen oder anderen Dingen: Gott ist in seinem Leben. Man kann und muss ihn in jedem menschlichen Leben suchen. Auch wenn das Leben einer Person ein Land voller Dornen und Unkraut ist, so ist doch immer ein Platz, auf dem der gute Same wachsen kann. Man muss auf Gott vertrauen.«

Müssen wir Optimisten sein?

Diese Papstworte erinnern mich an Überlegungen von früher, in denen Kardinal Bergoglio geschrieben hat, dass Gott bereits in der Stadt wohnt, lebendig gemischt unter alle und vereint mit jedem. Nach meiner Ansicht ist das eine andere Weise, um das zu sagen, was Ignatius in den Exerzitien schrieb, nämlich dass Gott in unserer Welt »arbeitet und handelt«. Ich frage ihn deshalb: »Müssen wir optimistisch sein? Was sind die Zeichen der Hoffnung in unserer Zeit? Wie kann man in einer Welt der Krise Optimist sein?«

»Mir gefällt es nicht, das Wort *Optimismus* zu gebrauchen, denn es drückt eine psychologische Haltung aus. Mir gefällt es mehr, das Wort *Hoffnung* zu verwenden – entsprechend dem, was im 11. Kapitel des Briefes an die Hebräer steht, das ich schon erwähnt habe. Die Väter sind durch große Schwierigkeiten hindurch ihren Weg weitergegangen. Und die Hoffnung enttäuscht nicht – wie wir im Brief an die Römer lesen. Denken Sie mal an das erste Rätsel aus *Turandot* von Puccini!«, *sagt mir der Papst.*

Ich habe mich an jenes Rätsel der Prinzessin erinnert, das als Antwort die Hoffnung hat: »In der finsteren Nacht fliegt ein irisierender Geist. / Er steigt und breitet die Flügel aus / über der schwarzen unendlichen Menschheit. / Die ganze Welt ruft ihn an / und die ganze Welt fleht ihn an. / Aber der Geist verschwindet mit der Morgenröte, / um im Herzen neu geboren zu werden. / Und jede Nacht wird er geboren /

und an jedem Tag stirbt er!« – Es sind Verse, die das Verlan-
gen nach Hoffnung ausdrücken, die aber hier ein irisierendes
Gespenst ist, das am Tag verschwindet.

Papst Franziskus fährt fort: »Die christliche Hoffnung ist
kein Geist und sie täuscht nicht. Sie ist eine theologale
Tugend und definitiv ein Geschenk Gottes, das nicht auf
einen reinen Optimismus reduziert werden kann. Gott
enttäuscht die Hoffnung nicht, er kann sich nicht selbst
verleugnen. Gott ist ganz Versprechen.«

Kunst und Kreativität

Ich bin bewegt von dem Zitat aus Turandot, *mit dem er*
über das Geheimnis der Hoffnung spricht. Ich würde gern
mehr wissen über seine Beziehung zu Kunst und Literatur.
Ich erinnere den Papst daran, dass er 2006 gesagt hatte, die
großen Künstler seien in der Lage, die tragischen und
schmerzlichen Wirklichkeiten mit Schönheit darzustellen.
Ich frage ihn, welches seine bevorzugen Künstler und Schrift-
steller sind. Gibt es etwas, was sie gemeinsam haben?

»Ich habe viele Autoren geliebt, die sehr unterschiedlich
sind. Dostojewskij und Hölderlin liebe ich sehr. Von Hölderlin möchte ich das Gedicht zum Geburtstag seiner
Großmutter erwähnen, das von großer Schönheit ist. Es
ist für mich auch spirituell sehr schön. Es schließt mit
dem Vers: ›dass dir halte der Mann, was er als Knabe ge-

lobt‹. Das hat mich sehr gerührt, denn ich habe meine Großmutter Rosa sehr geliebt. Und da stellt Hölderlin seine Großmutter neben Maria, die Jesus geboren hat. Er ist für sie der Freund auf Erden, der niemanden als Fremden betrachtet hat. Ich habe auch die *Promessi sposi (Die Verlobten)* dreimal gelesen und habe sie jetzt auf dem Tisch, um sie wieder zu lesen. Manzoni hat mir so viel gegeben. Meine Großmutter hat mich, als ich Kind war, den Anfang der *Promessi sposi* auswendig lernen lassen: ›Quel ramo del lago di Como, che volge a mezzogiorno, tra due catene non interrotte di monti …‹.[24] – Auch Gerard Manley Hopkins SJ hat mir sehr gefallen.«

»Unter den Malern bewundere ich Caravaggio. Seine Bilder sprechen zu mir. Aber auch Chagall mit seiner *Weißen Kreuzigung* … Bei der Musik liebe ich Mozart – natürlich. Das *Et Incarnatus est* aus der *Missa in C-Moll* ist unübertrefflich: Es trägt dich zu Gott. Ich liebe Mozart, gespielt von Clara Haskil. Mozart erfüllt mich. Ich kann nicht an ihn denken, muss ihn hören. Es gefällt mir, Beethoven zu hören, er ist prometheisch. Der am meisten an Prometheus herankommt, ist Furtwängler. Und dann die Passionen von Bach. Das Stück von Bach, das ich so liebe, ist das *Erbarme dich,* das Weinen Petri in der Matthäus-Passion. Sublim. Auf einer anderen Ebene liebe ich dann – nicht auf die gleiche innerliche Weise – Wagner. Ich höre ihn gern, aber

---

[24] »Jener Zweig des Comer Sees, der sich südwärts wendet zwischen zwei nicht unterbrochenen Bergketten …«

nicht immer. Furtwänglers Aufführung des *Rings* in der Scala im Jahr 1950 ist die beste. Aber auch *Parsifal* von Knappertsbusch aus dem Jahr 1962.«

»Wir müssen auch vom Kino sprechen. *La strada* von Fellini ist vermutlich der Film, den ich am meisten geliebt habe. Ich identifiziere mich mit diesem Film, in dem es einen impliziten Bezug zum heiligen Franz von Assisi gibt. Ich glaube, dass ich auch alle Filme von Anna Magnani und Aldo Fabrizi gesehen habe, als ich zwischen zehn und zwölf Jahren alt war. Ein anderer Film, den ich sehr geliebt habe, war *Roma, città aperta (Rom, offene Stadt)*. Ich verdanke meine Film-Kultur vor allem meinen Eltern, die uns oft mit ins Kino genommen haben.«

»Wie auch immer: Im Allgemeinen liebe ich die tragischen Künstler, vor allem die mehr klassischen. Es gibt eine schöne Definition, die Cervantes in den Mund von Carrasco gelegt hat, um die Geschichte von Don Quichotte zu preisen: ›Die Kinder haben ihn in ihren Händen, die Jugendlichen lesen ihn, die Erwachsenen verstehen ihn, die Alten loben ihn.‹ Das kann für mich eine gute Definition für Klassiker sein.«

Ich bin mir im Klaren, dass ich von den Hinweisen des Papstes ergriffen bin und weiß, dass ich in sein Leben eintreten möchte durch die Pforte seiner künstlerischen Vorlieben. Es wäre ein sehr langer Weg, denke ich. Und er würde auch das Kino einschließen – vom italienischen Neorealismus bis zu Babettes Fest. *Andere Autoren kommen mir in den Sinn und andere Werke, die er bei anderen Gelegenheiten zitiert hat – auch jüngere und weniger bekannte oder eher regional bedeutende Autoren.* Von Martín Fierro *von José Hernández bis zur Poesie von Nino Costa und zu* Il grande esodo *von Luigi Orsenigo. Aber ich denke auch an Joseph Malège und José Maria Pemàn. Und natürlich an Dante und Borges, aber auch an Leopoldo Marechal, den Autor von* Adán Buenosayres, El banquete de Severo Arcángelo *und* Megafón o la guerra.

Ich denke vor allem an Jorge Luis Borges, denn ihn kannte Bergoglio persönlich als 28-jähriger Lehrer für Literatur in Santa Fe am Colegio de la Inmaculada Concepción. *Bergoglio unterrichtete die letzten beiden Jahre am Liceo und bereitete seine Jungen aufs kreative Schreiben vor. Ich hatte eine ähnliche Erfahrung wie er, als ich im gleichen Alter am* Istituto Massimo di Roma *war; damals gründete ich* Die Papierbombe, *was ich ihm erzählte. Schließlich habe ich ihn gebeten, seine Geschichte zu erzählen.*

»Es war eine etwas riskante Sache«, *sagt er:* »Ich musste meine Schüler dazu bringen, *El Cid* zu studieren. Aber den Schülern gefiel das nicht. Sie wollten Garcia Lorca lesen. Dann habe ich entschieden, dass sie *El Cid* zuhause lesen. Und während des Unterrichts behandelte ich die Autoren, die den Schülern gefielen. Natürlich wollten die Schüler die eher ›pikanten‹ zeitgenössischen Werke lesen wie *La casada infiel* oder Klassiker wie *La Celestina* von Fernando de Rojas. Aber beim Lesen dessen, was sie im Moment anzog, fanden sie ganz allgemein Geschmack an der Literatur, an der Poesie – und so wechselten sie zu anderen Autoren. Für mich war es eine große Erfahrung. Ich habe das Programm abgeschlossen, aber in einer unstrukturierten Weise, also nicht so, wie es vorgesehen war, sondern wie es von der Lektüre der Autoren ganz natürlich kam. Und dieses Vorgehen gefiel mir sehr. Ich liebte es, nicht einem festen Programm zu folgen, sondern allenfalls zu wissen, wo ich mehr oder weniger hinkommen wollte. Dann ließ ich sie auch schreiben. Schließlich habe ich mich entschlossen, zwei Erzählungen meiner Schüler Borges vorzulegen. Ich kannte seine Sekretärin, die meine Klavierlehrerin gewesen war. Borges gefielen sie sehr. Und er schlug vor, eine Einleitung zu einer Sammlung zu schreiben.«

»Dann, Heiliger Vater, ist also die Kreativität für das Leben eines Menschen wichtig?«, frage ich ihn. Er lacht und sagt: »Für einen Jesuiten ist sie extrem wichtig. Ein Jesuit muss kreativ sein.«

Grenzen und Experimentierfelder

Ja, Kreativität ist für einen Jesuiten wichtig. Als Papst Franziskus die Patres und Mitarbeiter der Civiltà Cattolica *empfing, hatte er drei andere wichtige Charakteristiken für die kulturelle Arbeit der Jesuiten hervorgehoben. Ich gehe im Geist zurück zu diesem Tag, es war der 14. Juni 2013. Ich erinnere mich, dass er vor dem Treffen mit der Gruppe im Vorgespräch eine Dreiheit angekündigt hatte: Dialog, Unterscheidung und Grenzen. Er hatte einen besonderen Akzent auf den letzten Punkt gelegt und dazu Papst Paul VI. zitiert. Der hatte in einer berühmten Rede vor Jesuiten gesagt: »Überall in der Kirche, auch auf den schwierigsten und extremsten Feldern, an den Kreuzungen der Ideologien, an den sozialen Brennpunkten gab es und gibt es die Konfrontation zwischen den drängendsten Bedürfnissen des Menschen und der ewigen Botschaft des Evangeliums, und da waren und sind die Jesuiten.«*

Ich bitte Papst Franziskus um eine Klärung: »Sie haben uns gebeten, aufmerksam zu sein, um nicht in die ›Versuchung der Domestizierung der Grenzen zu fallen: Man muss an die Grenzen gehen und die Grenze nicht nach Hause tragen, um sie ein wenig zu lackieren und zu domestizieren.‹ Auf was bezog sich das? Was wollten Sie uns damit genau sagen? Das Interview, das ich jetzt mit Ihnen führe, ist mit einer Gruppe von Zeitschriften abgesprochen worden, die von der Gesellschaft Jesu herausgegeben werden: Welchen Wunsch möchten Sie an diese aussprechen? Was müssen ihre Prioritäten sein?«

»Die drei Schlüsselworte, die ich an die *Civiltà Cattolica* gerichtet habe, können auf alle Zeitschriften der Gesellschaft Jesu ausgeweitet werden – vielleicht mit verschiedenen Akzenten, je nach ihrer Art und ihren Zielen. Wenn ich besonders auf den Grenzen insistiere, dann beziehe ich mich auf die Notwendigkeit, dass der Mensch, der im Bereich der Kultur arbeitet, eingegliedert ist in einen Kontext, in dem er lebt und denkt. Es besteht immer die Gefahr, dass man in die Falle gerät, sich in einer Versuchsstation zu wähnen. Unser Glaube ist aber kein Experimentierfeld-Glaube, sondern ein Glaube unterwegs, ein geschichtlicher Glaube. Gott hat sich als Geschichte offenbart, nicht als ein Kompendium von abstrakten Wahrheiten. Ich habe Angst vor Versuchsstationen; denn in ihnen packt man die Probleme an und trägt sie nach Hause, um sie dort zu domestizieren, zu lackieren – außerhalb ihres Kontextes. Man darf Grenzen nicht nach Hause tragen, sondern muss an der Grenze leben und mutig sein.«

Ich frage den Papst, ob er ein Beispiel aufgrund seiner eigenen Erfahrung nennen kann.

»Wenn man von sozialen Problemen spricht, ist es eine Sache, sich zusammenzusetzen, um das Problem der Droge in einem armseligen Haus zu studieren. Eine andere Sache ist es, dorthin zu gehen, dort zu leben, das Problem von innen zu sehen und es zu studieren. Es gibt einen genialen Brief von Pater Arrupe an die *Centros de Investigación y Acción Social (CIAS)* über die Armut, in dem er klar sagt, dass man nicht über Armut sprechen kann, wenn man nicht die Erfahrung mit einem direkten Eintauchen in die Orte macht, wo man die Armut lebt. Dieses Wort *Eintauchen* ist gefährlich, denn einige Ordensleute haben es als Mode verstanden und so sind Katastrophen geschehen, weil man nicht richtig unterschieden hat. Aber es ist wirklich wichtig.«

»Und es gibt so viele Grenzen. Denken wir an die Schwestern, die in den Kliniken arbeiten: Sie leben an Grenzen. Dass ich noch lebe, verdanke ich einer von ihnen. Als ich im Krankenhaus Probleme mit der Lunge hatte, gab mir der Arzt Penicillin und Streptomycin in bestimmten Dosen. Die Schwester, die ich hatte, hat die Dosis verdreifacht, denn sie hatte ein Gespür dafür. Sie wusste, was sie tun sollte, denn sie war den ganzen Tag bei den Kranken. Der Arzt, der wirklich tüchtig war, lebte in seinem Laboratorium, die Schwester lebte an der Grenze und sprach den ganzen Tag mit der Grenze. Die Grenze zu domestizieren, bedeutet, sich einzuschränken auf eine distanzierte Position und sich in ein Labor einzuschließen. Das sind nützliche Dinge, aber die Reflexion muss bei uns immer mit der Erfahrung beginnen.«

Wie versteht der Mensch sich selbst?

Ich frage den Papst, ob und wie das auch für eine wichtige kulturelle Grenze wie die der anthropologischen Herausforderung gilt. Die Anthropologie, auf die sich die Kirche traditionell bezogen hat, und die Sprache, mit der sie sie ausgedrückt hat, bleiben ein gültiger Bezugspunkt, die Frucht von Weisheit und jahrhundertelanger Erfahrung. Aber der Mensch, an den die Kirche sich wendet, scheint sie nicht mehr zu verstehen und für ausreichend zu halten. Ich denke über das Faktum nach, dass der Mensch sich heute anders interpretiert als früher, mit anderen Kategorien. Und dies auch aufgrund von großen Änderungen in der Gesellschaft und aufgrund eines erweiterten Wissens über sich selbst.

Der Papst steht auf, geht an seinen Schreibtisch und nimmt das Brevier. Es ist ein Brevier auf Latein, ein wenig abgegriffen vom Gebrauch. Er öffnet es beim Tagesgebet mit den Lesungen vom Freitag der 27. Woche. Er liest mir einen Absatz aus dem Commonitorium Primum *von Vinzenz von Lérins vor:* »Ita etiam christianae religionis dogma sequatur has decet profectuum leges, ut annis scilicet consolidetur, dilatetur tempore, sublimetur aetate.«[25]

Und so fährt der Papst fort: »Der heilige Vinzenz von Lérins vergleicht die biologische Entwicklung des Menschen mit der Weitergabe des Glaubensgutes von einer Epoche an die andere. Es wächst und festigt sich mit dem Lauf der Zeit. Also: Das Verständnis des Menschen ändert sich mit der Zeit und so vertieft sich auch das Gewissen des Menschen. Denken wir daran, dass Sklaverei oder die Todesstrafe fraglos akzeptiert waren. Man wächst im Verständnis der Wahrheit. Die Exegeten und die Theologen helfen der Kirche, im eigenen Urteil zu wachsen. Auch die anderen Wissenschaften und ihre Entwicklung helfen der Kirche bei diesem Wachstum des Verständnisses. Es gibt zweitrangige kirchliche Normen und Vorschriften, die früher einmal effizient waren, die aber jetzt

---

[25] »Auch das Dogma der christlichen Religion muss diesen Gesetzen folgen. Es schreitet voran, festigt sich mit den Jahren, entwickelt sich mit der Zeit und vertieft sich mit dem Alter.«

ihren Wert und ihre Bedeutung verloren haben. Die Sicht der Kirche als Monolith, der ohne jeden Abstrich verteidigt werden muss, ist ein Irrtum.«

»Im Übrigen versucht der Mensch in jeder Epoche, sich selbst besser zu verstehen und auszudrücken. Daher ändert der Mensch mit der Zeit die Weise, sich zu verstehen: Eine Sache ist der Mensch, der sich ausdrückt in der Figur der *Nike von Samothrake,* eine andere Sache der Mensch von Caravaggio, eine andere der von Chagall und noch eine andere Sache der von Dalí. Auch die Formen, die Wahrheit auszudrücken, können verschieden sein. Und das ist sogar nötig, um die evangelische Botschaft in ihrer unveränderlichen Bedeutung weiterzugeben.«

»Der Mensch ist auf der Suche nach sich selbst, und bei dieser Suche kann er auch Fehler machen. Die Kirche hat Zeiten der Genialität gehabt – etwa die Zeit des Thomismus. Aber sie erlebt auch Zeiten der Dekadenz des Denkens. So dürfen wir zum Beispiel nicht die Genialität der thomanischen Theologie[26] mit dem dekadenten Thomismus verwechseln. Ich habe leider Philosophie in Handbüchern des dekadenten Thomismus studiert. Beim Nachdenken über den Menschen muss die Kirche die Genialität suchen und nicht die Dekadenz.«

---

[26] Thomas von Aquin (1225–1274) war der führende spekulative Theologe des Mittelalters.

»Wann also ist ein Denkausdruck nicht gültig? Wenn ein Gedanke das Humanum aus den Augen verliert oder wenn er das Humanum gar fürchtet oder wenn er sich über sich selbst täuschen lässt. Das in die Irre geführte Denken kann als Odysseus vor dem Gesang der Sirenen dargestellt werden oder als Tannhäuser, der umgeben ist von Satyrn und Bacchanten oder als Parsifal im zweiten Akt der Wagner-Oper am Hof von Klingsor. Das Denken der Kirche muss wieder Genialität gewinnen und muss immer besser begreifen, wie der Mensch sich heute versteht, um so ihre eigene Lehre besser zu entwickeln und zu vertiefen.«

Beten

Ich stelle dem Papst eine letzte Frage über seine bevorzugte Gebetsweise.

»Ich bete jeden Morgen das Offizium. Ich bete gern mit den Psalmen. Dann feiere ich die Messe. Ich bete den Rosenkranz. Was ich aber vorziehe, ist die abendliche Anbetung – auch wenn ich zerstreut bin oder an anderes denke oder sogar beim Beten einschlafe. Also abends von sieben bis acht bin ich vor dem Allerheiligsten für eine Stunde der Anbetung. Aber ich bete auch im Geist, wenn ich beim Zahnarzt warte oder bei anderen Gelegenheiten am Tag.«

»Das Gebet ist für mich immer ein ›Erinnerungs‹-Gebet, voll von Erinnerungen, von Gedenken, auch Denken an meine Geschichte oder an das, was der Herr in seiner Kirche oder einer bestimmten Pfarrei gemacht hat. Für mich ist es die Erinnerung, von der der heilige Ignatius in der ersten Woche der Exerzitien bei der erbarmenden Begegnung mit dem gekreuzigten Christus spricht. Und ich frage mich: ›Was habe ich für Christus getan? Was tue ich für Christus? Was muss ich tun für Christus?‹ Es ist die Erinnerung, von der Ignatius auch spricht bei der *Betrachtung zur Erlangung der Liebe,* wenn er bittet, sich an die empfangenen Wohltaten zu erinnern. Aber ich weiß auch, dass der Herr sich meiner erinnert. Ich könnte ihn sogar vergessen. Aber ich weiß, dass er mich nie, nie vergisst. Das Erinnern ist die radikale Verankerung des Herzens eines Jesuiten: Es ist das Erinnern an die Gnade, das Erinnern, von dem im *Deuteronomium*[27] die Rede ist, das Denken an die Werke Gottes, die dem Bund Gottes mit seinem Volk zugrunde liegen. Es ist dieses Erinnern, das mich zum Kind und auch zum Vater macht.«

Ich würde dieses Gespräch gerne noch lange fortsetzen. Aber ich weiß auch, dass man – wie der Papst einmal sagte – die »Grenzen nicht misshandeln« darf. Insgesamt haben wir über sechs Stunden im Lauf von drei Zusammenkünften am 19., 23. und 29. August 2013 gesprochen. Ich habe es vorgezogen, das Gespräch fortzuführen, ohne es zu unter-

---

[27] Fünftes Buch der Bibel.

brechen und dadurch den Zusammenhang zu verlieren. Es war mehr eine Unterhaltung als ein Interview: Die Fragen bildeten die Grundlage, ohne sie durch vorgegebene feste Formen zu begrenzen. Auch sprachlich haben wir fließend vom Italienischen zum Spanischen gewechselt – ohne den Übergang bewusst wahrzunehmen. Es gab nichts Mechanisches. Die Antworten sind geboren worden im Dialog und in einem Gedankengang, den ich in synthetischer Weise, so gut ich konnte, wiederzugeben versucht habe.

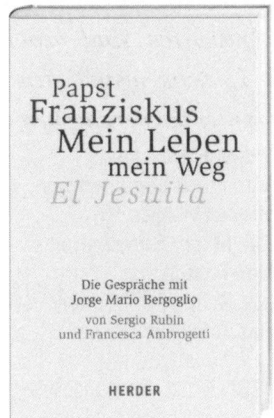